UNE PASSION LITTÉRAIRE

DU MÊME AUTEUR

Chansons d'icitte, Montréal, Parti pris, 1977

Prenons la parole, Montréal, Parti pris, 1978

Sur les ailes de ton cri, Glen Sutton, Le Pommier, 1991

Je me souverain, en collaboration, Montréal, Les Intouchables, 1995

Trente lettres pour un Oui, en collaboration, Montréal, Stanké, 1995

Une planète nommée Québec, Montréal, VLB éditeur, 1996

Une histoire de l'éducation et du syndicalisme enseignant au Québec, Montréal, Typo, 2003

Une histoire de l'éducation au Québec, nouvelle édition, Montréal, Bibliothèque québécoise, 2007

Les cent plus beaux poèmes québécois, une anthologie, Montréal, Fides, 2007

Québécoise!, en collaboration avec Pauline Marois, Montréal, Fides, 2008

Pierre Graveline

UNE PASSION LITTÉRAIRE

Fides

Catalogage avant publication de Bibliothèque et Archives nationales du Québec et Bibliothèque et Archives Canada

Graveline, Pierre, 1952-

Une passion littéraire

ISBN 978-2-7621-2929-8

1. Graveline, Pierre, 1952- . 2. Édition - Québec (Province). 3. Écrivains et éditeurs - Québec (Province). 4. Éditeurs - Québec (Province) - Biographies. I. Titre.

Z488.3.Q4G72 2009   070.5092   C2009-941443-0

Dépôt légal : 3ᵉ trimestre 2009
Bibliothèque et Archives nationales du Québec

© Éditions Fides, 2009

Les Éditions Fides reconnaissent l'aide financière du Gouvernement du Canada par l'entremise du Programme d'aide au développement de l'industrie de l'édition (PADIÉ) pour leurs activités d'édition. Les Éditions Fides remercient de leur soutien financier le Conseil des Arts du Canada et la Société de développement des entreprises culturelles du Québec (SODEC).
Les Éditions Fides bénéficient du Programme de crédit d'impôt pour l'édition de livres du Gouvernement du Québec, géré par la SODEC.

IMPRIMÉ AU CANADA EN AOÛT 2009

À Michelle Doucet,
compagne de mes passions

*Dieu est mort, Karl Marx est mort
et moi-même je ne me sens pas très bien...*

WOODY ALLEN

Un héritage inattendu

Au commencement il y eut Miron. Un coup de fil, début décembre 1995. Comme toujours, une immédiate intensité, une voix passionnée, un grand rire d'orignal dépareillé. Un rendez-vous dans un bistro avenue du Mont-Royal…

* * *

Je connaissais Gaston Miron depuis l'année 1969 alors que, du haut des certitudes de mes dix-sept ans, j'occupais la fonction de rédacteur en chef adjoint du *Quartier Latin* qui, à cette époque, était un magazine étudiant national diffusé deux fois par mois dans l'ensemble des collèges et des universités du Québec. Notre première rencontre, je dois bien l'avouer, fut tout sauf agréable. Avec quelques jeunes arrogants de mon acabit, j'avais osé signer un texte dans lequel je dénonçais sur un ton virulent «… les bonzes de la culture tel Gaston Miron… ». Le lendemain de la parution de cet article, Miron, fulminant, débarqua avec fracas dans nos bureaux : « Je vais vous expliquer ce que c'est, moi, un bonze de la culture ! » Nous eûmes alors droit à un remarquable exposé sur la culture québécoise qui se révéla, par ailleurs, un véritable passage à tabac intellectuel, hautement mérité, que je n'oublierais jamais.

J'habitais ces années-là un humble appartement rue Drolet près du square Saint-Louis. J'avais l'habitude de prendre mon petit-déjeuner chez Harris, restaurant aujourd'hui disparu, rue Saint-Denis. Quelles ne furent pas ma surprise et ma crainte d'y apercevoir Miron, un matin, quelques jours après son irruption dans notre salle de rédaction! Je me fis tout petit, tout discret, tout anonyme, persuadé de me faire passer un nouveau savon si je n'arrivais pas à échapper à son attention. Mais il me vit, me reconnut, m'invita à sa table. Loin de me tenir rigueur des idioties que j'avais écrites sur lui, il se montra tout au contraire ouvert, amical, chaleureux même. Nous entreprîmes ce jour-là une conversation qui se poursuivit pendant plus d'un quart de siècle.

Pourtant, nos routes ne semblaient pas destinées à se croiser. Au cours des décennies 1970 et 1980, je fréquentai peu le milieu du livre pendant que Miron, réécrivant sans jamais en être tout à fait satisfait *L'homme rapaillé*, voyageait en Europe et séjournait en France, animait avec une verve et une énergie hors du commun les Éditions de l'Hexagone et la vie littéraire de sa nation «colonisée», et, surtout, y acquérait peu à peu la notoriété et l'ascendance que l'on sait. Quant à moi, après que l'équipe du *Quartier Latin* à laquelle j'appartenais eut été virée par l'exécutif de l'Association des étudiantes et des étudiants de l'Université de Montréal qui, propriétaire du magazine, le jugeait trop anarchiste à son goût, je devins journaliste au magazine *Point de mire* alors dirigé par Pierre Bourgault. Congédié quelques mois plus tard pour activités syndicales, je fus embauché, après un long voyage en Europe et en Asie, par le Service de l'information de la Confédération des syndicats nationaux (CSN). Je consacrai les années qui suivirent à travailler et à militer dans le mouvement syndical et dans des organisations politiques de gauche.

Mais le hasard de la vie fit en sorte que Miron et moi habitâmes presque toujours le Plateau Mont-Royal et fûmes en quelque sorte d'éternels voisins. Aussi les occasions de nous rencontrer étaient-elles nombreuses : dans la rue, tout simplement, où nous échangions des nouvelles de nos existences respectives, dans une file d'attente de la caisse populaire où Miron commentait à haute voix, au grand étonnement des quidams, l'actualité politique de l'heure, à la librairie du Square où il ne manquait jamais de me conseiller tel écrivain ou tel livre, sur une terrasse de la rue Saint-Denis où j'eus la surprise, un soir vers les dix-neuf heures, de voir apparaître une petite fille d'une dizaine d'années venue lui réclamer, quelque peu fâchée, un souper qui se faisait attendre. Il s'agissait bien sûr de sa fille Emmanuelle qui trouvait sans doute qu'elle avait un drôle de papa !

Miron était un homme de passion. Ses propos étaient d'une redoutable lucidité. On sortait rarement indemne d'une conversation avec lui. Pourtant, à l'encontre de certains hypocrites qui n'hésitent pas, depuis la disparition du poète, à se revendiquer d'une longue amitié avec lui mais que je voyais de son vivant changer de trottoir pour fuir ses discours tonitruants, je ne craignais pas cet homme qui débusquait nos lâchetés. Je n'avais pas honte de ses emportements qui réveillaient nos consciences paresseuses. Je recherchais sa compagnie qui stimulait ma créativité et ma combativité. En vérité, j'aimais cet homme.

Au début des années 1990, persuadé d'avoir complété deux fois plutôt qu'une le tour du jardin des luttes ouvrières et désenchanté du virage corporatiste qu'empruntait le mouvement syndical québécois, je quittai la direction des communications de la Centrale de l'enseignement du Québec pour m'établir à mon propre compte. Retrouvant une totale liberté de parole, je commençai à publier des textes d'opinion dans des revues et des quotidiens[1]. Durant cette période d'intense activité intellectuelle qui s'étala de 1991 à 1995, Miron devint mon grand complice. Souvent premier lecteur de mes analyses, il en fut parfois l'instigateur, me suggérant sujets et angles d'approche. Il fut surtout, avec une persistance indéfectible et une absence de complaisance fort appréciée, le principal et le plus sévère de mes critiques. Je me rappelle en particulier d'un retour de vacances en France, au mois d'août 1992, où je trouvai sur mon répondeur pas moins de quatre messages de Miron qui s'étonnait avec une exaspération croissante de mon silence au sujet de l'entente de Charlottetown que Robert Bourassa venait d'accepter «lâchement». Je m'empressai d'écrire *L'homme qui vendait son peuple* que *La Presse* publia le 8 septembre. Je me souviens aussi qu'il était toujours le premier à me téléphoner chaque mercredi matin, tout au long des années 1994 et 1995, pour me

---

1. Ces textes ont été édités sous le titre *Une planète nommée Québec*, VLB éditeur, 1996.

donner de vive voix son avis sur les chroniques sociales et politiques que j'écrivais alors pour *Le Devoir*.

Pendant cette même période, à la demande du président Bruno Roy, je m'engageai au côté de mon ami Henri Lamoureux dans l'Union des écrivaines et des écrivains québécois. En 1993, je fus élu membre du conseil d'administration. Entre autres mandats, je représentai l'UNEQ à la Caisse d'économie de la culture après avoir persuadé l'association d'y transférer ses fonds. Je fus aussi l'un des initiateurs du Fonds d'investissement de la culture. Mais surtout, je coordonnai l'action des écrivaines et des écrivains québécois au moment du référendum de 1995 et je les représentai auprès des Partenaires pour la souveraineté. Après qu'une consultation interne eut révélé que plus de 70 % des membres de l'UNEQ étaient en faveur de l'indépendance du Québec, il fut décidé de mettre en place un comité des écrivains pour le OUI. J'en assumai la présidence. Je recrutai notamment Pierre de Bellefeuille, Andrée Ferretti et, bien sûr, Gaston Miron. Possédés du même amour de la liberté et animés d'une commune détermination de réussir, nous devînmes alors, Miron, nos compagnons de l'UNEQ et moi, de véritables frères d'armes, multipliant les écrits, les rencontres, les interventions publiques en faveur de l'indépendance, et cela, jusqu'à l'amère défaite du 30 octobre 1995.

À la même époque, nous entreprîmes, avec Guy Bouthillier, Yves Michaud et Jean-Marc Léger[2] qui en avait pris l'initiative, de rédiger un appel aux Français à mieux

---

2. Il s'agit bien sûr de l'ex-journaliste et diplomate, et non du spécialiste des sondages.

défendre notre langue commune. Éventuellement, le quotidien *Le Monde* publierait notre texte. Mais il fallut d'abord en débattre entre nous. Étant donné que les réunions se tenaient chez Yves Michaud et que ce dernier, bon vivant comme chacun sait et heureux propriétaire d'une exceptionnelle cave à vins, avait la générosité de nous abreuver d'excellentissimes bouteilles que nous n'avions, ni l'un ni l'autre, les moyens de nous offrir, Miron et moi nous amusâmes beaucoup, dans les taxis qui nous conduisaient à ces rendez-vous, à imaginer toutes sortes de subterfuges pour justifier la tenue de sessions de travail supplémentaires.

Pour une raison ou pour une autre, Miron et moi nous parlions ou nous voyions donc régulièrement. Quand ce n'était pas pour œuvrer à la promotion de notre langue, de notre culture et de notre indépendance nationales, c'était pour un repas amical avec Marie-Andrée Beaudet et Michelle Doucet, nos compagnes respectives. Par ailleurs, au cours de ces années, nous eûmes l'occasion de nous croiser à Paris, où Miron m'amena prendre un pot au Bonaparte – un de ses cafés de prédilection rue Guillaume-Apollinaire à Saint-Germain-des-Prés – et où il réussit même à m'entraîner, un dimanche matin, au restaurant l'Empire Céleste dans le Quartier latin afin de « déguster » d'horribles raviolis chinois. Enfin, nous étions devenus si proches que rares étaient les matinées du samedi où Miron, les journaux sous le bras, ne débarquait pas sans façon à la maison pour prendre un café et parler culture et politique.

* * *

Aussi, quand Miron m'invita à le rencontrer ce jour de décembre 1995, je ne fus pas particulièrement intrigué, mais simplement heureux de le retrouver. Je me présentai au rendez-vous fixé sans me douter le moins du monde qu'il allait me précipiter corps et âme dans une aventure qui occuperait intensément les dix années suivantes de ma vie.

Miron, je le découvris rapidement, n'était pas là pour me jouer de l'harmonica. Il s'était mis dans la tête l'idée de me convaincre de prendre la direction du groupe Ville-Marie Littérature, orphelin d'éditeur par suite du départ de Jacques Lanctôt. Or je n'étais pas, loin s'en faut, à la recherche d'un emploi. Depuis cinq ans, je gagnais fort bien ma vie à réaliser des recherches, des analyses de conjoncture, des mémoires et des plans de communication pour certaines organisations dont je partageais les objectifs ou, encore, à rédiger des allocutions pour quelques hommes politiques que je respectais. Qui plus est, je m'étais attelé à la périlleuse tâche d'écrire une histoire de l'éducation au Québec[3]. Par ailleurs, je siégeais aux conseils d'administration de l'Union des écrivaines et des écrivains, de la Caisse de la culture, du Fonds d'investissement de la culture et du Conseil de la souveraineté. J'étais également membre des comités de rédaction des revues *L'Action nationale* et *Virtualités*. Enfin, père de trois filles, conjoint et amoureux de leur avocate de mère, j'avais en quelque sorte mon propre comité de militantes féministes « en résidence » et ne pouvais guère de ce fait échapper à mes

---

3. Elle sera finalement publiée sous le titre *Une histoire de l'éducation et du syndicalisme enseignant au Québec* dans Typo en 2003, puis rééditée dans Bibliothèque québécoise en 2007.

responsabilités familiales. Bref, j'étais désespérément occupé à ne plus savoir où donner de la tête. Mais ceux qui l'ont connu savent à quel point Miron pouvait se montrer persuasif. Il me rappela d'abord l'histoire des Éditions de l'Hexagone qu'il avait fondées avec Gilles Carle, Mathilde Ganzini, Olivier Marchand, Louis Portugais et Jean-Claude Rinfret en 1953[4], insistant sur les longues décennies qu'il avait consacrées à réunir dans cette maison les œuvres des plus grands poètes québécois avant d'en céder la propriété, au début des années 1980, à Alain Horic ; ce dernier avait accru de façon notable le patrimoine de la maison en développant des collections de romans et d'essais et en faisant l'acquisition de plusieurs fonds littéraires, dont celui des Éditions Parti pris au moment de leur disparition, avant de lui-même céder le tout à Pierre Lespérance lors de sa retraite en 1990. Il me parla de Jean Royer, que Lespérance avait nommé à la direction littéraire de l'Hexagone et qui en assurait la continuité. Il me parla de la collection de livres de poche Typo, « la plus belle au Québec », qu'il avait créée avec Horic en 1984 et dont il assumait toujours la direction littéraire. Il me parla de la maison Les Quinze, à l'origine coopérative de romanciers, reprise dans un premier temps par un aventurier de l'édition, Pierre Turgeon, avant d'être, elle aussi, intégrée à l'empire Sogides de

---

4. Contrairement à la légende qui veut que la maison d'édition ait été nommée l'Hexagone en référence à la France, ce nom s'explique tout simplement par le fait que les fondateurs étaient au nombre de six. On se demande bien pourquoi, d'ailleurs, ils auraient sciemment affublé du surnom de la puissance culturelle colonisatrice une maison dédiée au rayonnement de la littérature québécoise.

Lespérance, tout comme VLB éditeur, créé en 1976 par Victor-Lévy Beaulieu et vendu par ce dernier à Jacques Lanctôt, qui s'en était départi après quelques années.

En somme, Miron me dressa le portrait du groupe Ville-Marie Littérature tel qu'il était après cinq années d'existence, composé de certaines de nos plus grandes maisons d'édition, héritier d'une volonté farouche d'assurer le rayonnement de notre littérature, riche d'un fonds constitué de quelque mille quatre cents titres, parmi lesquels bon nombre de nos « classiques », propriété d'un grand baron de l'édition québécoise, dirigé depuis sa fondation par Jacques Lanctôt, qui venait de quitter le navire pour voguer sous ses propres voiles.

Bien sûr, je connaissais le groupe Ville-Marie. J'avais moi-même un livre, *Une planète nommée Québec*, en instance de publication chez VLB éditeur. J'avais entendu comme chacun les rumeurs qui circulaient dans le milieu littéraire sur les graves difficultés que semblait traverser le groupe. Mais, à peine un mois auparavant, alors que nous procédions à la signature de mon contrat d'édition, Lanctôt lui-même m'avait juré dans son bureau, rue De La Gauchetière, que je n'avais pas la moindre raison de m'inquiéter. Je découvrais qu'il m'avait caché la vérité.

En fait, comme m'en informa Miron, la situation était catastrophique, le désastre imminent. Le groupe avait accumulé un million de dollars de déficit en à peine cinq ans. Ses relations avec les organismes subventionnaires, le distributeur, les libraires, les médias et les autres partenaires étaient au plus mal. Décimée par les compressions, désabusée par le départ de son patron, l'équipe d'employés était démoralisée. Excédé, le propriétaire songeait à vendre ou à fermer l'entreprise. « La clé est dans la porte », m'avoua Miron, passablement désespéré. « Mon héritage comme éditeur, celui également de Gérald Godin et de Victor-Lévy Beaulieu, risque aujourd'hui d'être dilapidé. J'ai confiance en toi. Tu as la capacité de le faire. Tu dois prendre les choses en main. »

Nous discutâmes longtemps. Je lui exprimai mes empêchements, mes doutes, mes craintes. Rien n'y fit. En bout de course, misant sur mon attachement à notre culture et faisant appel à mon sens des responsabilités, Miron finit par me convaincre de renoncer à tout ce que j'avais patiemment construit au cours des cinq années précédentes pour m'embarquer dans cette galère. Quelle mouche me piqua ce soir-là ? Je me le demande encore. Mais, tout compte fait, je crois bien que c'est l'amitié qui me liait à cet homme extraordinaire et le profond respect que j'éprouvais pour lui qui emportèrent ma décision.

Tout alla ensuite très vite. Dès le lendemain, si ma mémoire est bonne, je rencontrai Jean Royer qui m'affirma reconnaître mes talents d'administrateur et de communicateur et m'assura de son soutien et de sa collaboration. Deux jours plus tard, je déjeunai avec James de Gaspé Bonnar, alors vice-président du groupe Sogides, pour convenir de mes conditions de travail. Finalement, le 18 décembre, je fis la connaissance du propriétaire, Pierre Lespérance.

Cette première rencontre s'avéra déterminante pour la suite des choses. Lespérance se montra, dans un premier temps, plutôt préoccupé de mon passé de syndicaliste. Je lui répondis qu'il ne me viendrait pas à l'idée, si je devenais patron du groupe Ville-Marie Littérature, de lancer une campagne d'adhésion syndicale auprès des employés, en lui précisant toutefois qu'il ne devrait pas compter sur moi pour m'opposer à ces derniers si, d'aventure, ils décidaient de se réunir en association. Plus ou moins rassuré, il me parla de ce que représentait le groupe Sogides pour sa famille, depuis l'époque où son père, Edgar Lespérance, publiait, imprimait et distribuait les célèbres romans-feuilletons d'espionnage *X 13* avant de fonder, au début des années 1960, les Éditions de l'Homme qui connurent un rapide succès avec la publication des deux immenses best-sellers de la révolution tranquille : *Les insolences du frère Untel* de Jean-Paul Desbiens et *Option Québec* de René Lévesque. Il me raconta que, tout jeune homme, alors qu'il travaillait dans l'établissement de son père situé au-dessus de la brasserie La Mère Clavet, rue De La Gauchetière Est, il voyait de temps en temps arriver Gaston Miron venu y faire imprimer des livres de l'Hexagone. Il m'affirma sa fierté d'être le propriétaire du groupe Ville-Marie, « le plus grand regroupement d'édition littéraire au Québec », m'avouant volontiers, par ailleurs, « ne pas connaître grand-chose à la littérature québécoise ». Voilà pourquoi il en avait confié la direction à Jacques Lanctôt, qui l'avait déçu. « Je ne demande pas au groupe Ville-Marie de faire des profits, mais je m'attends à ce qu'il fasse ses frais. Je ne peux pas me permettre de perdre un autre million de dollars dans cette entreprise », m'affirma-t-il. Je lui répondis que je comprenais sa préoccupation mais que, pour atteindre cet objectif, il ne devait y avoir aucune ambiguïté entre nous. « Je ne suis pas à la recherche d'un emploi. Je suis ici parce que Gaston Miron m'a convaincu de relever ce défi.

Alors, si ton intention est de fermer ou de vendre le groupe, ou encore de réduire ses activités, ne m'embauche pas. Trouve quelqu'un d'autre car je serai un obstacle », lui dis-je sans détour. « Pour relancer ces maisons, je dois être assuré de ta confiance et disposer des vrais pouvoirs de gestion et d'une complète autonomie éditoriale. Si je ne fais pas l'affaire, tu pourras toujours me congédier », lui précisai-je. Lespérance accepta ces conditions et nous scellâmes notre pacte d'une franche poignée de main.

Le 8 janvier 1996, par une étrange coïncidence jour anniversaire de naissance de Miron, j'entrai en fonction comme éditeur et directeur général du groupe d'édition qui lui tenait tant à cœur et dont il m'avait convaincu d'assumer l'héritage.

* * *

Il ne me fallut pas longtemps pour découvrir que la situation du groupe Ville-Marie Littérature était bien pire à tous égards que ce qu'on m'en avait dit. Jamais je n'aurais imaginé me trouver plongé dans un tel magma de problèmes.

Ainsi, personne ne m'avait informé que je devrais, dans un premier temps, naviguer littéralement à vue puisque mon prédécesseur avait, en s'en allant, emporté dans ses bagages la plupart des dossiers administratifs du groupe. Il nous fallut recourir à des procédures légales et patienter plusieurs semaines avant de les récupérer.

Personne ne m'avait prévenu que, pour la seule maison VLB éditeur, pas moins de trois cents manuscrits étaient en attente, certains depuis plus d'un an, empilés en vrac un peu partout dans le bureau qui devenait le mien.

Comme j'étais à la fois éditeur du groupe et directeur littéraire de VLB, je dus m'y attaquer rapidement, les classer par genre littéraire et par date d'arrivée, les lire moi-même ou les donner en lecture, prendre une décision sur chacun d'entre eux, en informer les auteurs. Je consacrai tous les week-ends, samedi et dimanche sans exception, des six premiers mois de l'année 1996 à cette tâche quelque peu fastidieuse pour découvrir dans plusieurs cas qu'un manuscrit que je retenais avait entre-temps été accepté, voire publié, par une autre maison.

Personne ne m'avait dit que des à-valoir totalisant plus de cent mille dollars avaient été accordés à certains auteurs qui n'avaient au bout du compte jamais livré de manuscrit. À force de persévérantes négociations avec ces écrivains, parfois ponctuées il est vrai de menaces plus ou moins subtiles, je parvins à récupérer une bonne portion de ces sommes versées sans contrepartie.

Personne ne m'avait signalé, par ailleurs, que la maison avait obtenu au fil des ans quelque cent vingt mille dollars d'aide à la traduction du Conseil des Arts du Canada pour une douzaine de livres, qui n'avaient pas encore été publiés en dépit des obligations contractuelles. Quelques semaines après mon arrivée à la direction du groupe, j'eus la désagréable surprise de recevoir une lettre du Conseil me réclamant le remboursement de ces fonds. Je dus déployer des trésors d'imagination pour régler cette question, convaincre le Conseil de passer l'éponge sur certains titres, obtenir de collègues éditeurs qu'ils prennent à leur compte certains ouvrages et publier moi-même ceux qui restaient, évitant ainsi au groupe d'avoir à assumer une perte financière supplémentaire.

Personne ne m'avait non plus avisé qu'on avait, l'année précédente, procédé à un déstockage de dizaines de milliers d'exemplaires de livres en surplus dans les entrepôts. En dépit de ce que prévoyaient les contrats d'édition, les auteurs n'avaient pas été prévenus de cette opération et n'avaient donc pas eu la possibilité de racheter une partie des stocks excédentaires. Fort légitimement outrés, ils avaient demandé à l'UNEQ d'engager des poursuites. Je dépensai beaucoup d'énergie tout au long de l'année 1996 à gérer cet embrouillamini. Notamment sur mon insistance, un règlement à l'amiable fut finalement trouvé entre les parties. Il n'en coûta pas moins quelque deux cents mille dollars au groupe Ville-Marie Littérature et, pire encore à mes yeux, la perte des droits sur certains titres majeurs dont une bonne moitié de l'œuvre littéraire de Jacques Ferron.

Personne, enfin, ne m'avait averti qu'il y avait des yeux fureteurs, des oreilles indiscrètes et des mains baladeuses dans la place. Je fus alerté quelques semaines après mon arrivée en poste quand, coup sur coup, trois auteurs à qui j'avais eu l'idée de proposer un projet d'édition m'apprirent, fort étonnés de la coïncidence, que Jacques Lanctôt leur avait soumis exactement le même projet la veille sinon le jour même ! La situation devenait ridicule, pour ne pas dire loufoque. Après une petite enquête, je découvris que ma principale « adjointe » épiait mes conversations téléphoniques, fouillait dans mes dossiers dès que je m'absentais du bureau et prévenait systématiquement Lanctôt de mes projets ! Quand je la confrontai à ces faits, elle avoua sa faute sans gêne aucune en la justifiant avec conviction par un prétendu « devoir de loyauté » envers son ancien patron ! Je la congédiai sur-le-champ.

En somme, j'eus fort à faire tout au long de l'année 1996 pour effectuer le grand ménage dans l'administration qui m'avait été léguée et pour reconstruire, pierre par pierre, le groupe Ville-Marie Littérature sur des fondations plus solides.

* * *

Mon mentor en édition fut bien entendu Miron lui-même. Miron se trouvait être un de mes employés puisqu'il œuvrait alors comme directeur littéraire de la collection Typo. Mais il s'agissait d'un emploi à temps on ne peut plus partiel. S'il venait au bureau pratiquement tous les jours, on ne le voyait guère se pointer avant les trois ou quatre heures de l'après-midi. Il passait en effet le plus clair de ses journées à la Bibliothèque nationale du Québec qui l'avait embauché pour compléter ses collections de poésie.

Miron n'en savait rien, mais j'avais été en quelque sorte à l'origine de cet emploi. Outré de l'état de pauvreté et de précarité dans lequel se trouvait confiné le poète, je m'en étais ouvert à Nicole Boudreau pendant la campagne référendaire de 1995. Nicole Boudreau est une des femmes les plus remarquables que j'ai rencontrées dans ma vie. Intelligente, sensible et passionnée, qui plus est organisatrice hors pair, elle coordonnait à ce moment-là les Partenaires pour la souveraineté après avoir présidé pendant quelques années aux destinées de la Société Saint-Jean-Baptiste de Montréal, qu'elle avait dépoussiérée pour la transformer en fer de lance du combat pour la langue française. Tout aussi honteuse que je l'étais du sort que le Québec réservait à son grand poète national, elle s'était engagée auprès de moi à alerter le premier ministre à ce sujet, ce qu'elle fit quelques semaines plus tard. Homme de cœur et de culture, Jacques Parizeau en avait parlé à Philippe Sauvageau, alors directeur de la Bibliothèque nationale, qui avait imaginé cette fonction taillée sur mesure pour Miron.

Miron débarquait donc chaque fin d'après-midi dans nos locaux, souvent en pestant bruyamment contre l'informatique, ce qui, à tout coup, me faisait rigoler. Pour identifier les recueils manquants dans les collections de poésie de la Bibliothèque nationale, il devait en effet travailler à partir de listes informatisées. On lui avait donc fourni un ordinateur pour lui faciliter la tâche. Or Miron était totalement réfractaire à cette technologie à l'époque encore nouvelle. J'avais beau tenter d'en vanter la simplicité et les avantages, il n'y avait rien à faire. Pour lui, c'était pire que du mandarin, c'était de l'extraterrestre à l'état pur et à jamais incompréhensible!

Puis il prenait place à son bureau et relisait en les corrigeant à la main les préfaces des rééditions en poche des « classiques » québécois que nous publiions dans Typo, effectuait des recherches pour constituer les dossiers biobibliographiques qui accompagnaient ces œuvres, choisissait les illustrations pour les couvertures. Miron était un véritable artisan du livre. Il avait été le premier éditeur québécois à aller suivre, au début des années 1960, une formation à l'École Estienne de Paris, la grande école de préparation aux métiers de l'édition[5]. Chaque titre était de son point de vue une œuvre qu'il fallait préparer len-

---

5. À quand une telle école au Québec?

tement, minutieusement, soigneusement, comme son propre *Homme rapaillé* dont il modifiait à chaque nouvelle édition quelques « vers en souffrance ». Il travaillait ainsi deux ou trois heures, le temps que les autres employés terminent leur journée et quittent les lieux.

Nous nous installions ensuite dans mon propre bureau ou dans la salle de conférence pour une discussion à bâtons rompus entre le maître éditeur modeste et généreux qu'il était et l'apprenti insatiablement curieux et un peu angoissé face à l'ampleur de ses nouvelles responsabilités que j'étais alors.

On ne se rend pas compte aujourd'hui de la jeunesse de l'édition québécoise. Quand j'ai commencé dans le métier, en 1996, rares étaient les maisons qui avaient franchi le cap du quart de siècle d'existence alors qu'en Europe, par exemple, nombreuses sont les maisons centenaires. Miron a été un pionnier de cette « industrie » culturelle. Il a été notamment le premier éditeur québécois à fréquenter la grande Foire internationale du livre de Francfort. Il a aussi été le premier à avoir droit à une manifestation de l'Union des écrivaines et des écrivains devant son domicile qui lui servit longtemps de bureau, ainsi qu'il me le raconta, l'indignation encore perceptible dans sa voix malgré les années écoulées, un de ces jours heureux où nous conversions seul à seul.

Il me racontait le métier d'éditeur, « un métier exigeant mais tellement passionnant qu'il fait vivre jusqu'à un âge avancé les hommes qui le pratiquent », me disait-il en énumérant tous les septuagénaires et octogénaires qui peuplent l'histoire de l'édition française, ce qui, rétrospectivement, paraît terriblement ironique quand on sait que l'homme qui me tenait ces propos allait nous quitter avant la fin de l'année.

Il me racontait les écrivains et leurs ego souvent surdimensionnés. « Il faut les comprendre. C'est parfois leur vie qu'ils transportent dans leurs manuscrits. Mais un jour ou l'autre, crois-moi, ils te reprocheront le silence des médias ou leurs mauvaises critiques, l'absence de leur livre en librairie ou l'indifférence des lecteurs. Insatisfaits de leurs ventes ou attirés par le chant de sirènes des compétiteurs, ils menaceront de te quitter. Laisse-les partir... il y a en aura toujours d'autres qui voudront se faire publier.»

Pour illustrer la vanité des écrivains, de leurs éditeurs et de leurs critiques, l'immensité sans bornes de nos rêves et de nos illusions, il m'apporta un jour un exemplaire de la plus grande revue littéraire française de l'après-guerre qui, en 1920, avait consacré une édition spéciale aux « 50 écrivains français qui marqueront le 20e siècle ». À nous deux, Miron et moi, nous n'en connaissions qu'un seul : Guillaume Apollinaire. Les quarante-neuf autres étaient d'ores et déjà disparus dans les oubliettes de l'histoire.

Si nous parlions surtout de littérature et d'édition, nous discutions aussi du Québec et de son avenir. La défaite du camp du OUI au référendum de 1995 suivie de la démission de Jacques Parizeau et de son remplacement par Lucien Bouchard en qui il n'avait guère confiance, avait profondément blessé Miron. Nous avions tous deux cru que cette fois-là, ça y était vraiment. Sans jamais remettre en question l'impérieuse nécessité de la souveraineté, il laissait échapper à l'occasion des paroles qui révélaient son amertume. Ainsi se moquait-il, avec un cynisme inhabituel chez lui, de notre propension collective à nous donner des allures de pays indépendant en rehaussant de l'adjectif «nationales» nos grandes institutions. «Nous devrions cesser de nous raconter des histoires et parler désormais d'institutions provinciales. La vérité c'est que, colonisés dans nos esprits, nous avons décidé de rester des provinciaux. Nous avons refusé à notre nation et à notre culture l'accession à l'universalité.»

* * *

En mai 1996, Miron et sa compagne séjournèrent à Paris pendant deux semaines. Il en revint plutôt déprimé et maussade, se plaignant d'avoir eu froid dans l'appartement non chauffé que le poète Édouard Glissant leur avait prêté. Dans les semaines qui suivirent, il fit plusieurs fois allusion à une douleur qu'il avait au côté droit et à une sensation de fatigue qui ne le quittait plus. Je l'invitai bien sûr à consulter un médecin mais surtout à réduire un peu ses activités. Car Miron avait une vie sociale et «mondaine» plus qu'intense pour un homme qui avançait tout de même dans la soixantaine. Rares étaient les soirées où, généreux de sa présence, il ne répondait pas à une invitation à un lancement de livre ou ne participait pas à une quelconque activité littéraire ou culturelle. Je me souviens lui avoir dit en riant que, pour ma part, je ne pourrais jamais soutenir un rythme de vie aussi effréné. Au mois d'août, son médecin lui fit passer des examens. Dans les premiers jours de septembre, il ressentit une si vive douleur qu'il dut se présenter au service d'urgence d'un hôpital. Deux semaines plus tard, on lui confirma qu'il était atteint d'un incurable cancer du foie. Il me l'annonça par un simple coup de téléphone, très sobre et très digne, qui ne me laissa pas moins dévasté.

Cet automne-là, mes responsabilités m'amenèrent à m'absenter souvent de Montréal, d'abord pour un séjour professionnel à Paris suivi d'une première présence à la Foire internationale du livre de Francfort, puis pour le Salon du livre de Québec qui, cette année-là, se tenait exceptionnellement en octobre. Aussi je ne revis Miron qu'à trois seules occasions.

La première fois, ce fut un samedi soir à la maison. Nous l'avions convié, ma compagne et moi, à mon dîner d'anniversaire avec nos amis Marco Micone et Ginette Galarneau. Jean Royer et Micheline La France étaient aussi présents. Son état de santé l'avait obligé à décliner notre invitation mais il eut la gentillesse de venir passer, avec Marie-Andrée, quelques instants en notre compagnie à la fin du repas. Ce fut très émouvant de l'entendre parler – une dernière fois en ce qui me concerne – de notre littérature nationale et de l'indépendance du Québec avec une conviction et une passion indéfectibles. Il me rappela aussi ce soir-là que c'était juste en face de cette maison où j'habitais alors, rue Saint-André, dans une petite chambre encombrée de livres, qu'il avait écrit l'essentiel des poèmes qui composent *L'homme rapaillé*.

La seconde fois, ce fut au Salon du livre de Montréal où il vint faire en quelque sorte une brève tournée d'adieu, empreinte à mes yeux d'une immense tristesse, se promenant lentement et courageusement de stand en stand, saluant une dernière fois les auteurs, les éditeurs et les autres artisans du livre québécois.

Enfin je le revis, quelques jours avant son décès, dans son lit ultime à l'hôpital Notre-Dame en face du parc La Fontaine. Nous n'échangeâmes aucune parole. Il dormait profondément, d'un sommeil qui me parut calme et serein. Le samedi 14 décembre, Miron nous quitta. À jamais. Marie-Andrée Beaudet, sa compagne, m'annonça la triste nouvelle tôt dans la matinée en exprimant le désir que l'Hexagone assure la communication publique de l'événement. C'est à ce moment-là que je lui fis part de mon idée de demander au gouvernement québécois d'organiser des funérailles nationales pour Miron. N'était-il pas temps en effet de reconnaître comme poète national ce grand homme qui avait porté toute sa vie le Québec sur ses épaules? Elle ne s'opposa pas à cette démarche en me précisant toutefois clairement que je ne pouvais l'accomplir au nom de la famille, qui ne jugeait pas approprié d'être à l'origine de cette proposition.

Je sollicitai le directeur littéraire de l'Hexagone, Jean Royer, pour qu'il rédige le communiqué de presse annonçant le décès de Miron, accompagné d'une notice biographique, et pour qu'il obtienne, avec le concours de notre attachée de presse, Simone Sauren, la meilleure couverture médiatique possible, mission dont ils s'acquittèrent avec une compétence et un dévouement exemplaires.

Pour ma part, je téléphonai immédiatement à Louise Beaudoin, alors ministre de la Culture, pour lui exprimer ma requête. Elle me répondit dans un premier temps qu'elle ne voyait pas comment cela serait possible, puisque les funérailles nationales sont en principe réservées aux hommes d'État. Or, il existait un précédent, une exception:

Lionel Groulx avait eu droit en son temps à de telles funérailles. Quand je le lui dis, elle s'engagea à transmettre ma demande au premier ministre, Lucien Bouchard, et à la soutenir, en doutant cependant de nos chances de le persuader, à moins de mobiliser de nombreuses personnalités et associations derrière ce projet.

J'entrepris alors un véritable marathon téléphonique qui se poursuivit sans relâche jusque tard le samedi soir et tout au long de la journée du dimanche, sollicitant le ban et l'arrière-ban de mes contacts dans la société québécoise. Le bureau du premier ministre fut rapidement inondé d'appels de ministres, de députés, de leaders des principaux organismes culturels, syndicaux, sociaux et communautaires, d'écrivains, d'intellectuels et d'artistes...

Le dimanche après-midi, Louise Beaudoin m'informa que mes efforts semblaient porter fruit. Mais un dernier obstacle se présenta. Craignant que soit créé un précédent qui mettrait, dans l'avenir, le gouvernement dans l'embarras, Jean-François Lisée, alors conseiller politique de Lucien Bouchard, s'opposait à la décision. Je parvins en ultime recours à rejoindre le cinéaste Claude Fournier, ami de Lucien Bouchard, pour le prier d'intervenir personnellement en faveur de ces funérailles nationales, ce qu'il fit.

Le dimanche soir, Louise Beaudoin communiqua à nouveau avec moi pour me dire de mettre la pédale douce sur le mouvement de pression que j'avais déclenché. Nous avions remporté la bataille.

Le samedi 21 décembre 1996, les funérailles nationales de Gaston Miron se déroulèrent dans l'église de sa ville natale de Sainte-Agathe-des-Monts, là où il avait souhaité être enterré. Je m'assis complètement à l'arrière, sur le dernier banc et, je l'avoue sans fausse honte, tout au long de la cérémonie, je pleurai comme un enfant la disparition de cet ami remarquable.

* * *

Le 3 juin 1997, les éditions de l'Hexagone organisèrent un hommage public à Miron à la salle Pierre-Mercure à Montréal. Accompagné de Gilles Garand à l'harmonica, j'y fis la lecture d'une lettre que je lui avais écrite en guise d'adieu posthume :

> *Gaston Miron,*
> *poste à jamais restante,*
> *paradis des poètes*
>
> Depuis que tu nous as quittés,
> blessé à mort par ce refus tragique et répété
> de notre peuple d'acquiescer à sa naissance,
> mon ami, mon malheureux ami,
> je pense à toi et je m'ennuie.
>
> D'autres que moi diront ou écriront
> avec des mots plus savants que les miens
> et des phrases mieux forgées que les miennes
> quel écrivain majeur tu fus,
> quel grand poète tu as été.
>
> Moi, tes poèmes ne me font pas défaut.
> Ils sont là, toujours vivants,
> dans ton œuvre que tu voulais inachevée.
> Ils sont là, toujours vibrants,
> au fond de moi, dans mes pensées.

Moi, c'est ta présence,
réelle, tangible, bruyante, qui me manque.
Souvent, trop souvent,
je cherche ta silhouette dans la foule.
J'attends un coup de fil qui ne vient pas.
Je guette ton arrivée au détour de mes journées.
Je me surprends, loin des regards, à te parler...

Miron de *La Batèche*,
Miron de *L'amour et le militant*,
comme il me fait silence
ton grand rire d'orignal désespéré,
qui faisait trembler le pays
et retourner dans leurs tombes
les faux poètes de la dépendance.

D'autres que moi crieront ou chanteront
avec des mots plus nobles que les miens
et des phrases mieux ciselées que les miennes
quel moissonneur de notre culture tu fus,
quel militant de nos rêves tu as été.

Moi, tes idées ne me font pas défaut.
Elles sont là, toujours vivantes,
dans nos luttes sans cesse recommencées.
Elles sont là, toujours vibrantes,
au cœur de moi, dans mes pensées.

Moi, c'est ta présence,
joyeuse, bougonneuse, silencieuse,
qui me manque. Souvent, trop souvent,
je songe à ces repas que nous ne prendrons plus,
à mes enfants qui ne te verront plus,

à Marie-Andrée, à Emmanuelle,
que tu n'embrasseras plus.
Je me surprends, sous les étoiles, à sangloter...

Miron de *La vie agonique*,
Miron de *La marche à l'amour*,
Comme elle me fait absence
la passion de ta parole tonitruante
qui tissait en mille mots farouches,
enracinés comme la souche,
l'espoir en un pays demain.

Miron le Magnifique,
toujours sur la brèche
au cœur de l'escarmouche,
en dépit de ces funérailles nationales
comme nulles autres méritées,
ton peuple si peu rapaillé
osera-t-il t'oublier ?

Mon ami, mon cher ami,
les soirs de solitude glacés d'éternité
quand la nostalgie de la vie
se fera angoisse et désespoir,
pense à nous, les pauvres vivants,
perdus, trahis par l'infidèle printemps.

Salue pour nous
les Neruda, les Hugo, les Rimbaud,
et tous les autres poètes
pour qu'ils te tiennent au chaud.
Salue Nelligan, salue Godin, salue Langevin.
Prends ton harmonica

bien au creux de tes mains
Et puis fais-les chanter, Gaston,
Gaston, fais-les danser !

Mais le véritable hommage que je voulus lui rendre, ce fut d'assurer, en collaboration constante avec Marie-Andrée Beaudet et Emmanuelle Miron, la pérennité de son œuvre littéraire en rééditant de façon continue *L'homme rapaillé* dans Typo, en autorisant la publication des poèmes de *L'homme rapaillé* dans la collection « Poésie » de Gallimard où Miron avait toujours rêvé d'être présent et où il demeure à ce jour le seul représentant de la poésie québécoise, en éditant, à l'occasion des cinquante ans de l'Hexagone, ses poèmes inédits sous le titre *Poèmes épars*, en publiant, un an plus tard, ses essais et ses textes en prose sous le titre *Un long chemin* et en mettant sur les rails, avant mon départ, la production de l'*Album Miron* qui soulignerait le dixième anniversaire de sa disparition.

Ce fut aussi, pendant la décennie où je dirigeai le groupe Ville-Marie Littérature, de demeurer fidèle aux convictions littéraires et politiques qui nous tenaient tous deux à cœur et d'assumer ainsi l'héritage aussi précieux qu'inattendu qu'il m'avait confié.

Un vent de liberté et de beauté

Les éditions VLB, comme chacun sait, portent le nom de leur fondateur, Victor-Lévy Beaulieu. Quand j'entrepris, en 2001, de souligner le vingt-cinquième anniversaire de cette grande maison d'édition que je dirigeais, je voulus trouver un thème à cette célébration en donnant pour l'occasion un autre sens au sigle « VLB », non par manque de respect envers Victor-Lévy Beaulieu que j'ai en grande estime et que je tiens pour une figure marquante de notre littérature[1], mais pour mieux exprimer l'originalité de la contribution de cette maison d'édition. Or, quel rêve caressions-nous? Rien de moins que faire souffler sur la vie littéraire québécoise un Vent de Liberté et de Beauté.

* * *

Quand je pris la direction du groupe Ville-Marie Littérature en 1996, ma grande priorité, en plus de reconstruire pratiquement de fond en comble le groupe sur des

---

1. J'ai d'ailleurs réédité en poche, dans Typo, plusieurs de ses livres.

bases administratives plus solides, fut de relancer VLB éditeur dont j'assumai personnellement la direction littéraire pendant trois années. Pour ce faire, il me fallait d'abord et avant tout, moi qui en cette matière ne crois guère en la seule action individuelle, constituer une véritable équipe éditoriale.

J'eus la chance de bénéficier dès le début du soutien de trois directeurs de collection qui étaient déjà en poste sous Jacques Lanctôt et qui, après m'avoir rencontré, décidèrent de poursuivre leur travail sous ma gouverne : Robert Comeau qui dirigeait la collection «Études québécoises», Ariane Émond et Michel Dorais qui codirigeaient la collection «Des hommes et des femmes en changement».

Ariane Émond qui a été, rappelons-le, une des animatrices du magazine féministe *La vie en rose*, se retira peu après de la direction de cette collection mais Michel Dorais[2] resta jusqu'à mon départ un de mes plus fidèles et précieux collaborateurs. Outre ses propres livres, nous éditâmes notamment dans sa collection des essais de Yolande Geadah, Pierre-Yves Boily, Michel Pruneau, Germain Dulac, Marc Chabot, George Dupuis et Makis Chamalidis.

Pour sa part, Robert Comeau, ex-felquiste devenu professeur d'histoire à l'Université du Québec à Montréal, se révéla un extraordinaire directeur de collection, me soumettant chaque année des dizaines de projets qui n'aboutissaient certes pas tous mais dont plusieurs se concrétisèrent et vinrent enrichir notre collection déjà remarquable d'essais historiques. Je pense aux ouvrages de Camille Limoges

---

2. Voir le chapitre intitulé *Les idées mènent le monde*.

et Stéphane Castonguay, Marcel Bellavance, Serge Granger, Robert Aird, Marc V. Levine, Serge Gagnon, Frédéric Demers, Stéphane Paquin, Jean-Charles Panneton, Manon Leroux, Jacques Beauchemin, Béatrice Richard, Pierre Serré, Jean-Marie Fecteau et tant d'autres. J'eus toujours le plus grand plaisir à travailler avec Robert Comeau, cet intellectuel brillant, hyperactif et généreux, de surcroît homme de gauche, défenseur de l'enseignement de notre histoire nationale et militant acharné de la cause de l'indépendance politique du Québec.

À Michel Dorais et Robert Comeau s'ajouta bientôt Alain Borgognon, journaliste scientifique et romancier, avec qui je lançai une nouvelle collection d'essais scientifiques appelée «Gestations» dans laquelle nous publiâmes notamment d'étonnants essais d'Ollivier Dyens, Mathieu-Robert Sauvé et Hervé Fischer[3]. Ce dernier prit la direction de la collection après le triste décès d'Alain Borgognon. Plus tard, Pierre Ouellet viendrait rejoindre cette équipe, emportant avec lui sa collection d'essais littéraires «Le soi et l'autre». Je me réservai, quant à moi, la direction de la collection d'essais politiques «Partis pris actuels» et de la collection «Balises», qui connut une existence éphémère bien qu'y fussent publiés quelques excellents essais, dont *Le Québec et la mondialisation: une bouteille à la mer?* de Jacques Parizeau, *Le déclin du fédéralisme canadien* de Joseph Facal et *La nation québécoise au futur et au passé* de Gérard Bouchard.

Cette équipe de directeurs des collections d'essais, j'en assumai dans l'ensemble la coordination pendant dix ans,

---

3. Voir le chapitre intitulé *Les idées mènent le monde*.

avec l'aide de Jean-Yves Soucy, de 1999 à 2002, quand il fut directeur littéraire de VLB éditeur, puis avec le soutien de Robert Laliberté quand je le recrutai, en 2003, comme directeur littéraire des essais pour l'ensemble des maisons du groupe. Véritable encyclopédie vivante[4], Robert Laliberté se révéla un bon directeur littéraire qui établissait des relations de confiance avec les auteurs et peaufinait leurs manuscrits avec une patience et une compétence exemplaires.

Pendant une décennie donc, m'appuyant sur cette formidable équipe de collaborateurs et bénéficiant de la confiance d'un exceptionnel réseau d'intellectuels, j'éditai finalement, avec une passion qui m'abandonna rarement, quelque deux cents essais dont bon nombre contribuèrent à alimenter et à animer la réflexion et la discussion dans notre société.

* * *

Je fus moins heureux cependant avec la collection « Chansons et monologues » créée par mon prédécesseur et qui comprenait de grands titres, dont les textes de Clémence DesRochers, Sylvain Lelièvre, Claude Dubois, Plume Latraverse et Richard Desjardins.

Pendant dix ans, y consacrant il est vrai fort peu d'énergie car j'étais continuellement débordé par mes autres responsabilités, j'approchai plusieurs personnes – notamment Bruno Roy, Chantal Jolis, Sylvie Tremblay – qui, l'espérais-je, auraient la capacité et la volonté de prendre

---

4. Je l'appelais affectueusement et ironiquement mon « google personnel », tellement il était rare qu'il ne puisse répondre à une question que je lui posais.

en main cette collection et de la développer. Toutes mes tentatives furent des échecs.

Je me résignai donc, de loin en loin, à en assurer moi-même la vague direction, ne publiant finalement que quatre nouveaux titres : *Dessine-moi une chanson* de Geneviève Paris, *La voix que j'ai* de Gilbert Langevin, *Chants de l'Amérique inavouable* de Lucien Francœur et *La tête en gigue* de Jim Corcoran, accompagné d'un DVD de ses meilleurs vidéoclips.

À ce modeste bilan, il me faut toutefois ajouter la publication, en poche chez Typo, de l'intégrale des chansons de Plume Latraverse sous le titre *Tout Plume*.

* * *

Comme directeur littéraire de VLB éditeur, j'héritais aussi d'une solide collection de théâtre que mon prédécesseur avait constituée en misant pour l'essentiel sur des œuvres dramaturgiques destinées aux enfants et aux jeunes, le « créneau » du théâtre pour adultes étant en effet largement occupé par les éditions Leméac autour du « navire amiral » de l'œuvre de Michel Tremblay. Toutefois, la plupart des dramaturges liés à VLB éditeur s'étaient laissé persuader de suivre Lanctôt dans la nouvelle maison d'édition[5] qu'il avait créée après son départ du groupe Ville-Marie Littérature à la fin de 1995. Je publiai tout de même quelques titres de théâtre pour la jeunesse dont *Salvador* de Suzanne Lebeau[6] et *Mowgli* de Patrick Quintal, deux titres qui furent des succès et que nous

---
5. Lanctôt éditeur, qui sera racheté quelques années plus tard par Michel Brûlé.
6. Ce contrat d'édition avait été signé par Jacques Lanctôt.

réimprimâmes à quelques reprises. Par ailleurs, peu de temps après mon arrivée, une nouvelle maison spécialisée dans l'édition de théâtre, Dramaturges Associés, vit le jour, multipliant ainsi le nombre de joueurs dans ce domaine.

Il n'était donc pas évident de déterminer la nouvelle orientation à donner à la collection « Théâtre » de VLB éditeur. Qui plus est, la direction générale du groupe, la direction littéraire de la maison et la direction de la collection « Partis pris actuels » que j'avais décidé d'assumer personnellement ne me laissaient guère le temps de m'y consacrer, moi qui, de surcroît, suis loin d'être un expert en matière de théâtre. Je décidai donc de confier les rênes de la collection à un dramaturge. Je fis appel à mon ami Marco Micone.

J'ai connu Marco Micone dans les années 1970 alors que j'étais conseiller au Service de l'information de la Confédération des syndicats nationaux (CSN). À l'époque, je parcourais le Québec à longueur d'année et d'un bout à l'autre, passant des semaines, sinon des mois, loin de chez moi à m'occuper des communications de syndicats de travailleurs en grève, un jour avec les mineurs de Thetford Mines, le lendemain avec les travailleurs du papier d'Alma ou, encore, avec les employés de commerce de Sorel. Il m'arrivait cependant d'être affecté à l'occasion à un conflit de travail à Montréal. C'est ainsi que pendant quelque temps je rédigeai le journal des travailleurs montréalais de la construction où se retrouve un fort contingent de Québécois d'origine italienne. Ils me firent connaître la FILEF – la Fédération des travailleurs italiens et de leurs familles – qui, proche du Parti communiste

Un vent de liberté et de beauté • 43

italien, réunissait la gauche de la communauté italophone de Montréal. Aussi, quand Ginette Galarneau, alors responsable du comité de la condition féminine de la CSN[7], m'invita à assister à la grande fête que la FILEF organisait chaque année, c'est avec plaisir et curiosité que je m'y rendis. Elle me présenta Marco Micone, Giuseppe «Peppe» Sciortino[8] et leurs camarades, qui m'apprirent à chanter *Avanti Populo*, *Bella Ciao* et *Amore Mio*, et qui devinrent des amis et des compagnons de lutte, d'abord au Mouvement socialiste, puis au NPD-Québec et enfin, pour certains, au Parti Québécois.

Né en 1945 en Italie, Marco Micone est arrivé au Québec à l'âge de treize ans. Après avoir obtenu une maîtrise en littérature française à l'Université McGill, il a «gagné sa vie» dans l'enseignement collégial. Avec «Peppe» Sciortino, il a été pendant longtemps en première ligne du combat pour défendre et promouvoir le projet de souveraineté du Québec au sein de la communauté italo-québécoise, ce qui demandait un courage certain. Les leaders fédéralistes de cette communauté leur en ont fait

---

7. Elle fit ensuite carrière dans la fonction publique québécoise, devint sous-ministre et joua un rôle notable dans la mise sur pied des Centres de la petite enfance. Par ailleurs, elle a épousé Marco Micone avec qui elle a eu deux magnifiques garçons.
8. Brillant avocat du travail, président de la FILEF, il devint plus tard responsable du programme et membre de l'exécutif du Parti Québécois sous Jacques Parizeau. Choisi candidat du PQ dans Mercier au cours d'une assemblée d'investiture on ne peut plus démocratique, il en fut écarté par des organisateurs du PQ et du Bloc Québécois qui manœuvrèrent de façon éhontée – n'hésitant pas à utiliser des arguments xénophobes – pour le discréditer et pour obtenir la tenue d'une nouvelle assemblée où «leur» candidat, Robert Perrault, l'emporta par quelques voix!

payer le dur prix, les vilipendant sans relâche et avec une hargne inimaginable dans les médias italophones. En 1993, nous avons sur ce thème signé ensemble un texte publié dans *Le Devoir*. Intitulé « Les francophones, les allophones et l'indépendance », ce pamphlet, qui nous valut de part et d'autre bien des inimitiés, dénonçait tout autant la manipulation scandaleuse des communautés allophones par les fédéralistes que la tragique incapacité du Parti Québécois à bâtir une véritable alliance avec celles-ci.

Traducteur et adaptateur des comédies du grand dramaturge italien Carlo Goldoni que le Théâtre du Nouveau Monde (TNM) a popularisées auprès du public québécois, Marco Micone a remporté le Masque de la meilleure traduction pour *La locandiera*. Il est lui-même l'auteur d'une puissante trilogie dramatique sur la culture des personnes immigrées : *Gens du silence*, *Addolorata* et *Déjà l'agonie*, que j'ai éditée en 1996 chez VLB éditeur sous le titre générique de *Trilogia*, puis rééditée ensuite à la pièce, après leur réécriture, en 2004 et 2005. On lui doit également un remarquable récit sur l'immigration, *Le figuier enchanté*[9], qui lui a valu le prix des Arcades de Bologne, de même que le poème *Speak What*[10] que d'aucuns, esprits chagrins, perçoivent bien à tort comme un « plagiat » du magnifique *Speak White* de Michèle Lalonde, alors qu'il en est tout simplement, en quelque sorte, un prolongement et une réponse littéraires avec cette conclusion si touchante et si porteuse d'espoir :

---

9. Boréal, 1992.
10. VLB éditeur, 2001.

nous sommes cent peuples venus de loin
pour vous dire que vous n'êtes pas seuls.

C'est toujours avec le plus grand bonheur que j'ai saisi dans ma vie toutes les occasions qui se présentaient de discuter avec cet homme de culture et d'intelligence, admiré par les femmes pour sa grise crinière et sa beauté de patricien romain, authentique écrivain malgré ses doutes récurrents, attaché à sa famille et «père coq» angoissé comme seule l'Italie peut en générer, qui plus est excellent cuisinier, par ailleurs doté d'un sens de l'humour caustique. Ah! ces inoubliables festins que nous avons dégustés chez lui, arrosés de bons crus italiens, en taquinant outrageusement nos compagnes pour les excès féministes imaginaires que nous prenions plaisir à leur prêter!

Marco Micone me fit donc l'amitié, dès 1996, de prendre la direction de la collection «Théâtre». Au fil des ans, nous publiâmes plusieurs pièces d'auteurs québécois, notamment *Jeux de patience* et *Les rues de l'alligator* d'Abla Farhoud, *Les champs de glace* d'André Ricard, *Le miel est plus doux que le sang* de Philippe Soldevila et Simone Chartrand, *La tragédie de l'homme* de Robert Gravel. Ce dernier titre illustre d'ailleurs parfaitement les difficultés de l'édition de théâtre au Québec. Il est essentiel que l'édition de ces livres se fasse: comment, sinon, rendre les pièces disponibles, les faire circuler, permettre qu'elles soient reprises par d'autres, interprétées par des troupes, enseignées? Nous avons publié ce livre qui rassemble les trois pièces de Gravel, *Durocher et le millionnaire*, *L'homme qui n'avait plus d'amis* et *Il n'y a plus rien*, accompagné d'une préface de Jean-Pierre Ronfard, un an après le décès de l'auteur. Nous l'avons lancé à l'occasion d'une soirée organisée en hommage à ce grand créateur, l'un des fondateurs du Nouveau Théâtre Expérimental et de la célèbre Ligue Nationale d'Improvisation. Or, parmi les centaines de personnes présentes, parmi les dizaines de milliers d'artisans du théâtre au Québec, d'enseignants de français et de littérature, de bibliothèques publiques et scolaires, il ne s'en est pas trouvé cinq cents, toutes catégories d'acheteurs confondues, pour faire l'acquisition de cette œuvre qui constitue l'héritage littéraire d'un de nos importants dramaturges !

Et nous osons prétendre être une nation qui valorise la culture ? À la rare exception de quelques « classiques » enseignés dans les écoles[11] qui, de ce fait, connaissent des tirages significatifs et font leurs frais, les textes théâtraux sont toujours publiés à perte considérable par les éditeurs littéraires, les subventions du Conseil des Arts du Canada – les plus importantes pour ce type d'ouvrages – couvrant à peine, quand il y en a, vingt pour cent des coûts de production et un pourcentage des coûts de diffusion et de promotion à ce point ridicule qu'il ne mérite pas d'être chiffré.

J'écris « quand il y en a » car lorsque, à la suggestion de Marco Micone et afin de combattre cet exécrable colonialisme culturel qui ne nous autorise l'accession aux œuvres dramatiques étrangères qu'à travers les interprétations des traducteurs de France, nous entreprîmes d'éditer les excellentes adaptations réalisées par des

---

11. Je pense par exemple à *Un simple soldat* de Marcel Dubé ou à *Bousille et les justes* de Gratien Gélinas que j'ai réédités plusieurs fois en poche dans Typo.

auteurs québécois – *Motel de passage* de George F. Walker dans une traduction de Maryse Warda, *Les femmes de bonne humeur* de Carlo Goldoni dans une traduction de Marco Micone, *Marie Stuart* de Dacia Maraini dans une traduction de Marie José Thériault, *Les trois sœurs* d'Anton Tchekhov dans une traduction d'Anne Catherine Lebeau avec la collaboration d'Amélie Brault –, le Conseil des Arts du Canada n'accepta de nous verser une maigre subvention que pour le seul Walker, les autres, ces pauvres Goldoni, Maraini et Tchekhov, n'ayant pas la grâce d'être des citoyens canadiens!

Pour notre groupe d'édition littéraire, qui publiait déjà à perte, outre des œuvres dramaturgiques, de nombreux recueils de poésie, des romans à public restreint et des essais «pointus», et qui peinait parfois à boucler ses fins d'année en s'imposant de contraignantes et pénibles restrictions budgétaires, cette insipide politique à courte vue du Conseil des Arts du Canada représenta un sale coup de poignard dans le dos, asséné, il faut le dire, sans état d'âme aucun au nom d'une pseudo «culture nationale canadienne».

Après une décennie d'efforts pour soutenir autant que faire se peut la diffusion des textes de théâtre québécois dans toute leur diversité, nous avons fini, à nos cœurs défendants, par nous résigner à abandonner.

* * *

Les collections d'essais relancées, la collection de théâtre placée entre les mains expérimentées d'un ami dramaturge, il me fallait aussi m'attaquer de toute urgence à un gros morceau s'il en est: le roman. Car si VLB éditeur avait publié plusieurs romancières et romanciers au cours de son histoire, la plupart d'entre eux avaient, depuis belle lurette, déménagé leurs pénates sous des cieux plus cléments. Le dernier « gros nom » que Lanctôt publiait, Dany Laferrière, l'avait de surcroît suivi dans sa nouvelle maison par loyauté envers l'éditeur qui l'avait « découvert » et lancé. À mon arrivée à la direction de la maison en 1996, l'équipe de romancières et romanciers attachés à VLB éditeur était à ce point décimée que j'eus toute la misère du monde à boucler mon programme éditorial dans ce genre au cours de mes premières saisons littéraires.

Je pris dans un premier temps deux décisions qui s'imposaient. D'abord, dans l'indifférence la plus totale du milieu littéraire, je mis officiellement un terme aux activités de la maison d'édition Les Quinze qui faisait partie du groupe, qui était théoriquement vouée au roman et à la nouvelle mais avait été laissée à l'abandon et qui, dans les faits, agonisait depuis des années, n'ayant publié aucun titre en 1995 et un seul – le prix Robert-Cliche du premier roman – en 1994. Il me semblait illusoire d'espérer développer le roman à la fois sous cette marque moribonde et sous celle de VLB éditeur. Dans le même esprit, déterminé à concentrer mes efforts sur la relance du prix Robert-Cliche du premier roman qui n'était plus que l'ombre de lui-même en 1996 et que je décidai de rapatrier chez VLB éditeur pour lui donner un second souffle, je mis fin à l'engagement qu'avait pris mon prédécesseur de publier chaque année le roman qui remportait le prix Jacques-Poirier, décerné au Salon du livre de l'Outaouais à un auteur de la région. Encore là, il me paraissait vain de courir deux lièvres à la fois.

Cela fait, je me mis à la recherche d'un directeur pour la collection «Roman». Il me tomba pour ainsi dire du ciel quand, quelques mois après mon arrivée à la direction du groupe, le romancier Jean-Yves Soucy se présenta à nos bureaux pour m'offrir ses services. Né en 1945 à Causapscal dans la vallée de la Matapédia, Jean-Yves Soucy avait exercé divers métiers au cours de sa vie : comptable dans une institution bancaire, travailleur social chez les Petits Frères des pauvres, journaliste, rédacteur, scénariste, agent d'information à Radio-Canada et à Radio-Québec. Il avait aussi occupé diverses fonctions dans l'institution littéraire, notamment comme président du Salon du livre de Montréal et comme président de la Commission du droit de prêt public à Ottawa. Quand je le rencontrai, il gagnait plutôt péniblement sa vie comme auteur-conseil auprès de romanciers en herbe. Écrivain accompli, il avait à son actif de nombreuses œuvres littéraires, notamment *Un dieu chasseur*, *Les chevaliers de la nuit*, *L'étranger au ballon rouge*, *Parc La Fontaine*, *Érica*, *Le fruit défendu*, *La buse et l'araignée*, de même qu'une grande fresque historique sur le génocide des Arméniens, *Un été sans aube*, écrite en collaboration avec Agop J. Hacikyan, qui fut traduite en plusieurs langues[12] et qui se révéla l'un des tout premiers best-sellers internationaux québécois.

Jean-Yves Soucy devint peu à peu un de mes principaux collaborateurs au groupe Ville-Marie Littérature. Quelques mois après l'avoir nommé directeur de collection, lui assurant par ailleurs du travail à temps plein comme

---

12. Voyageant en Inde au début des années 2000, l'une de mes filles acheta la version anglaise d'*Un été sans aube* dans une minuscule librairie d'un village du Rajasthan.

réviseur, j'en fis notre directeur de la production, puis, en 1999, le directeur littéraire de VLB éditeur et finalement, en 2002, le directeur littéraire de la fiction pour nos trois maisons. Ensemble, travaillant d'arrache-pied pendant neuf années d'intense collaboration – généralement dans une joyeuse complicité[13] entrecoupée de rares heurts – nous réussîmes à faire de VLB éditeur une bonne maison d'édition de romans: des romans «littéraires», bien sûr, avec des auteurs tels André Girard, René Boulanger, Henri Lamoureux, Gilbert Dupuis, Suzanne Gagné, Nicole Lavigne, Roger Fournier, François Barcelo, Danielle Dussault, François Jobin, Guy Lalancette, Marie Gagnon, Dany Laferrière, Marcelle Racine, Andrée Dandurand, Dominique Blondeau, Normand Corbeil, Jacques Boulerice, Madeleine Monette, Abla Farhoud, Jean Bédard, Jacques Lazure et Madeleine Gagnon, mais aussi des romans «populaires» qui devinrent pour la plupart des best-sellers et qui assurèrent l'équilibre financier du groupe.

Nous voulions, Soucy et moi, en finir avec le snobisme qu'une certaine institution littéraire puriste manifestait à l'endroit des romancières et des romanciers dits «populaires». Pourquoi fallait-il laisser aux auteurs français et américains le «marché» du roman grand public qu'ils dominaient outrageusement de toute éternité? N'existait-il pas au Québec des romancières et des romanciers de talent capables d'imaginer de grandes sagas historiques

---

13. Pendant nos années de collaboration, Soucy apporta beaucoup de bonne humeur dans notre équipe, jouant des tours pendables aux auteurs, publiant même quelques numéros d'un bidonnant journal interne intitulé *La coquille*.

susceptibles de passionner un important lectorat ? Nous entreprîmes donc, avec une patience et une persévérance qui finirent par payer, d'investir ce créneau éditorial en réunissant chez VLB éditeur une solide équipe de romanciers populaires. À Pauline Gill, auteure de la remarquable série *La cordonnière*, s'ajoutèrent au fil des ans Fabienne Cliff et sa trilogie *Le royaume de mon père*, Marie-Paule Villeneuve avec *L'enfant cigarier* et *Les demoiselles aux allumettes*, Lucie Dufresne avec *L'homme-ouragan*, Nadine Grelet avec *La fille du Cardinal* et *La belle Angélique*, Richard Hétu avec *La route de l'Ouest*, Allan Tremblay avec *Casino*, Mylène Gilbert-Dumas avec sa trilogie *Les dames de Beauchêne*, Pierre Caron avec sa trilogie *La naissance d'une nation*, sans oublier bien sûr Diane Lacombe avec son extraordinaire saga médiévale *Mallaig*. Notre succès dans ce domaine fut indéniable, à tel point que nous fûmes bientôt imités par plusieurs autres maisons.

Nous essayâmes aussi de développer, avec des résultats plus mitigés, le roman érotique dans lequel nous mettions beaucoup d'espoir, persuadés qu'il existe un public important et négligé au Québec pour ce type d'ouvrage. Nous publiâmes deux titres de Lili Gulliver[14], attachée de longue date à la maison, qui – son lectorat lui demeurant fidèle – furent de bons succès commerciaux. Nous misâmes ensuite sur deux nouvelles auteures prometteuses – Nathalie Breault avec son *Opus erotica* et Geneviève St-Amour avec ses *Passions tropicales* –, mais ni l'une ni

---

14. *L'Australie sans dessous dessus* en 1996 et *Confidences d'une entremetteuse* en 2001.

l'autre ne nous donna de second manuscrit. Enfin, nous entreprîmes de publier les traductions des romans érotiques de Sylvie Ouellette. Écrits en anglais et édités en Grande-Bretagne, ces romans avaient connu un grand succès dans le monde anglophone. Malheureusement, le premier titre que nous lançâmes, *Une libertine en Nouvelle-France*, ne remporta pas le succès commercial escompté.

* * *

Nous consacrâmes également beaucoup d'efforts, Soucy et moi, à relancer chez VLB éditeur le prix Robert-Cliche du premier roman[15]. Ce prix, qui de l'avis de nombreux libraires est l'un des rares sinon le seul à avoir un impact réel sur les ventes du livre primé[16], avait été créé en 1979 pour honorer la mémoire du grand avocat, juge et homme politique Robert Cliche. Il était le prix de la relève le plus prestigieux dans le roman québécois et avait contribué à lancer la carrière littéraire de plusieurs de nos grands romanciers. Pensons simplement à Madeleine Monette, Robert Lalonde, Chrystine Brouillet, André Girard et Jacques Desautels qui en avaient été des lauréats. Il avait aussi connu des années difficiles, notamment en 1992 quand l'éditeur du prix – il s'agissait alors de Jacques Lanctôt – n'avait accepté de publier le livre primé, *Maria Chapdelaine – ou Le paradis retrouvé* de Gabrielle Gourdeau, qu'accompagné d'une note de l'éditeur expri-

---

15. Le prix est accordé sur manuscrit, présenté anonymement par un auteur âgé d'au moins dix-huit ans et qui n'a jamais publié de roman.
16. Il existe une telle pléthore de prix littéraires au Québec, dont plusieurs connaissent une existence éphémère, que leur impact auprès du public s'en trouve inévitablement dilué.

Un vent de liberté et de beauté • 53

mant son désaccord avec le choix du jury! Un autre incident survenu en 1995, alors que le jury avait estimé, au grand dam des dizaines d'auteurs qui avaient soumis un projet, qu'aucun manuscrit ne méritait d'être distingué, avait également assombri la réputation de ce prix.

Ma première démarche pour relancer le prix fut de trouver des partenaires solides à VLB éditeur, qui acceptent de le parrainer et de le financer. Dès 1997, je convainquis la Centrale de l'enseignement du Québec (CEQ)[17] – dont je connaissais bien la présidente d'alors, Lorraine Pagé, pour avoir été le directeur des communications de cette association dans les années 1980 – d'offrir chaque année une bourse de cinq mille dollars au lauréat. L'année suivante, je persuadai le Club de livres Québec Loisirs de s'associer au prix en y investissant chaque année un montant équivalent pour assurer la promotion du roman primé et en le publiant par la suite en édition club. Ces deux partenaires me resteraient fidèles jusqu'à mon départ de la direction du groupe Ville-Marie Littérature à la fin de l'année 2005.

Ma seconde démarche fut de rassembler chaque année des jurys de grande qualité – constitués de cinq membres dont une majorité de romanciers qui n'étaient pas attachés à nos maisons afin d'assurer la crédibilité de la décision – pour choisir le meilleur roman parmi la soixantaine de manuscrits généralement soumis. Il serait fastidieux de dresser la liste des cinquante romancières et romanciers qui acceptèrent de bonne grâce de se prêter à cet exercice au cours de la décennie où je dirigeai les

---

17. Devenue aujourd'hui la Centrale des syndicats du Québec (CSQ).

destinées du prix Robert-Cliche. La seule énumération des écrivaines et des écrivains qui, au fil de ces années, présidèrent le jury, parle d'elle-même : Yves Beauchemin, Victor-Lévy Beaulieu, Marie-Claire Blais, Denise Bombardier, Louis Caron, Arlette Cousture, Pauline Gill, Dany Laferrière, Madeleine Ouellette-Michalska et Monique Proulx.

Je n'assistais jamais aux délibérations du jury. Après avoir accueilli les membres et leur avoir rappelé les règlements du prix, je me retirais, de sorte qu'ils puissent débattre en toute confidentialité et liberté. Je ne revenais qu'une fois leur décision arrêtée pour ouvrir devant eux l'enveloppe cachetée qui contenait le nom du lauréat. Je m'amusais souvent alors à leur faire deviner le sexe et l'âge de la personne concernée, ce qui donna parfois lieu à d'étonnantes contradictions. Je me souviens en particulier d'une année où les membres du jury, compte tenu du style et du contenu du roman, parièrent à l'unanimité sur une femme dans la cinquantaine alors qu'il s'agissait en réalité d'un homme dans la jeune trentaine.

Comme tous les prix littéraires, le prix Robert-Cliche du premier roman a connu bien sûr des années de grand cru et des années de cru plus moyen. Certains auteurs primés pendant cette décennie n'écrivirent plus jamais de roman notable. D'autres, au contraire – je pense en particulier à Mylène Gilbert-Dumas et à Gilles Jobidon –, profitèrent des retombées de ce prix pour entreprendre une œuvre littéraire remarquable. D'autres encore – je songe ici à Roxanne Bouchard – se sont révélés prometteurs. Car c'est à cela que sert un tel prix : identifier et encourager le talent. Voilà pourquoi, avec le soutien de Jean-Yves Soucy, j'ai consacré tant d'efforts, que j'estime finalement couronnés de succès, à faire renaître de ses cendres tel un Phœnix littéraire ce grand prix québécois du premier roman.

* * *

Ces dizaines de titres de romans, de nouvelles, d'essais, d'œuvres dramaturgiques, de poésie, sélectionnés chaque année par notre équipe éditoriale et publiés chez VLB éditeur – mais aussi à l'Hexagone[18] et dans Typo[19] –, il fallait en assurer la réalisation. Je pouvais pour ce faire compter sur une bonne équipe de production que je constituai et qui fut coordonnée, pour la plupart des années que j'évoque ici, par Marie-Claude Barrière[20]. Mais il fallait aussi en assurer la diffusion et la promotion.

Certains éditeurs considèrent leur travail terminé quand les livres sont imprimés. Ils les publient comme on lance une bouteille à la mer, s'étonnant ensuite étrangement que ces livres ne rencontrent que rarement leur lectorat. Ce n'était pas la conception que je me faisais de mon métier. Il me semblait au contraire que je devais accorder autant d'attention à la vie du livre et à son rayonnement qu'à sa gestation et à sa naissance. Pour avoir longtemps travaillé dans le domaine des communications, je savais, par exemple, toute l'importance qu'il faut accorder aux relations de presse dans une société comme la nôtre où un événement n'a de réalité sociale qu'à condition d'être répercuté dans les médias.

---
18. Voir le chapitre suivant.
19. Voir le chapitre intitulé « Le livre fermé ».
20. Voir le chapitre intitulé « Traité de premiers soins... »

À mon arrivée à la tête du groupe en 1996, une jeune attachée de presse était en poste. Gentille et dévouée, elle n'avait alors cependant ni l'expérience ni le réseau de contacts pour soutenir les ambitieux projets éditoriaux que je caressais. La couverture médiatique accordée à nos livres était fantomatique et notre visibilité dans les événements littéraires – je le constatai dès ma première présence au Salon du livre de Québec au printemps 1996 – aurait échappé à l'œil d'un faucon. Je résolus donc de me départir de cette collaboratrice et me mis en quête de la perle rare.

Encore une fois, la chance me sourit. Par l'intermédiaire de Jean Royer, je fis la connaissance de Simone Sauren qui était alors à la recherche d'un nouveau défi professionnel. Dès notre première rencontre, un fort sentiment de sympathie et de complicité s'installa entre nous, sentiment qui ne ferait que s'intensifier avec le temps jusqu'à se transformer en une belle amitié qui perdure toujours au moment d'écrire ces lignes.

Née à Garmisch-Partenkirchen en Bavière – malgré tous les efforts pédagogiques de Simone, je ne suis jamais parvenu à prononcer correctement ce nom –, Simone Sauren, après un séjour de quelques années au Québec dans son enfance, avait passé l'essentiel de sa jeunesse à Paris. Alors qu'elle avait dix-sept ans, sa famille était venue s'installer à Montréal, cette fois-là de façon définitive. Elle était attachée de presse chez Québec Amérique depuis plusieurs années quand je la persuadai de se joindre à la nouvelle équipe du groupe Ville-Marie Littérature que j'étais à bâtir.

Déployant une énergie tellement fulgurante que je finis par la surnommer *La comète blonde de l'édition*, Simone mit littéralement le groupe Ville-Marie sur la carte des médias. Désormais, plus une saison littéraire ne se déroulerait sans que nous obtenions pour nos auteurs des premières pages des cahiers des livres des principaux quotidiens et des entrevues dans les émissions culturelles qui comptent et, de façon générale, une excellente couverture médiatique pour nos livres. Dans les différents salons du livre, nos activités – lancements, conférences, tables rondes, entrevues, séances de signature – prirent une telle ampleur que nous devînmes bientôt l'une des maisons d'édition les plus actives et les plus visibles lors de ces événements.

Au quotidien, Simone n'était pas toujours de tout repos, en particulier pour ses adjointes[21]. Il est vrai que, lorsqu'elle « partait en campagne », Simone, passionnée et concentrée sur ses objectifs, n'hésitait pas à bousculer la routine des uns et des autres, pénétrant à l'occasion dans les bureaux sans frapper, interrompant parfois les conversations téléphoniques, engueulant certains jours son ordinateur ou le photocopieur qui avait mal compris ses directives... Il me fallut quelquefois intervenir pour panser des plaies mais, dans l'ensemble, cela me paraissait un bien petit prix à payer pour les bons résultats obtenus et, franchement, cela me faisait plutôt rire. Comme me

---

21. Plusieurs personnes occupèrent ces fonctions au fil des ans, notamment Mélissa Lemieux et Élise Noël de Tilly, qui firent souffler un agréable vent de jeunesse sur notre équipe. Pendant leurs études collégiales, mes trois filles, Rosalie, Julie Blanche et Marie-Hélène, eurent aussi successivement l'occasion de travailler avec Simone comme responsables, une quinzaine d'heures par semaine, des services et des dossiers de presse.

faisait rigoler à me rouler par terre la légère propension dyslexique de Simone à se tromper de mots dans les moments de stress. Un jour qu'au téléphone quelqu'un lui demandait quel logiciel nous utilisions, elle lui répondit avec le plus grand sérieux et, j'imagine, au plus grand désarroi de son interlocutrice, que « nous étions tous sur pacemaker » !

Membre du comité éditorial du groupe, Simone lui apporta la notable contribution de ses judicieux conseils. Elle dirigea, par ailleurs, avec succès deux grands ouvrages collectifs : *La maison du rêve*, livre dans lequel quarante auteurs québécois rendent hommage aux libraires et que nous publiâmes à l'occasion de la Journée mondiale du livre en l'an 2000, et, en 2002, *Lignes de métro* où quarante écrivains de la francophonie prennent ce moyen de transport comme point de départ d'une nouvelle, d'un conte ou d'un poème. À compter de 2003, elle assuma aussi avec sensibilité la direction, à l'Hexagone, de la collection de prose poétique « La voie des poètes ».

La vaste culture littéraire de Simone, sa passion enthousiaste pour le livre et les écrivains, son dynamisme entraînant, son sens des communications et son exceptionnel réseau de contacts dans les médias ont puissamment contribué aux succès qu'ont connus VLB éditeur et le groupe Ville-Marie Littérature au cours de la décennie où je les ai dirigés.

* * *

Les efforts de Simone Sauren et de son équipe des communications furent soutenus de façon fort efficace par l'équipe de représentants commerciaux des Messageries

ADP qui, appartenant comme le groupe Ville-Marie Littérature au groupe Sogides, assuraient la diffusion et la distribution de nos livres.

Un éditeur a beau publier les meilleurs livres du monde et leur ménager la plus grande promotion, encore faut-il que ceux-ci soient disponibles et visibles dans les commerces qui en font la vente. Il s'agit là d'un combat de tous les jours mené à grand renfort de contacts permanents avec les libraires indépendants ou les responsables des achats dans les grandes chaînes et dans les bibliothèques, au prix aussi d'incessantes campagnes promotionnelles et de coûteux achats d'espaces dans les vitrines des libraires et dans les allées des grandes surfaces. Ce sont les représentantes et les représentants commerciaux qui sont en première ligne de cette bataille. Aussi consacrai-je beaucoup de temps et d'énergie à établir des relations de confiance avec nos représentants, à bien les informer de nos programmes éditoriaux – rencontrant nos représentants en librairie chaque mois et, accompagné de mes principaux auteurs de la saison, nos représentants dans les grandes surfaces deux fois par année – et à leur fournir le matériel promotionnel (argumentaires, catalogues, affiches, signets, publicités) dont ils avaient besoin pour accomplir au mieux leur indispensable travail de mise en marché.

Je fus puissamment appuyé dans cette tâche par trois personnes passionnées de leur métier qui furent pendant toutes ces années les grands complices de mes projets de développement : Stéphane Masquida, originaire de Bretagne, qui, peu de temps après mon arrivée à la direction du groupe, devint le créatif directeur commercial de la librairie aux Messageries ADP, Huguette Laurent qui, expatriée en France pour y vivre un grand amour avec le sociologue Henri Laborit, auteur du célèbre *Éloge de la fuite*, était devenue à Paris la très efficace et très branchée représentante du groupe Sogides pour l'Europe francophone et Jean-Pierre Élias qui, pour la plupart des années dont je parle, a dirigé avec grande compétence l'équipe de représentants en librairies qui s'occupait de nos maisons.

* * *

Tous ces efforts conjugués finirent par porter fruit. Année après année, alors que les subventions que nous recevions demeuraient stables et représentaient grosso modo vingt pour cent de nos revenus, nos ventes de livres croissaient de façon remarquable, ce qui me permit de doubler progressivement le nombre d'employés, d'accroître le nombre de titres publiés et de consacrer des moyens toujours plus grands à leur promotion et à leur diffusion.

Un peu plus de cinq années après mon arrivée à sa direction, quand j'organisai, à l'automne 2001, les célébrations du vingt-cinquième anniversaire de VLB éditeur, la maison, relancée avec vigueur, était à mes yeux resplendissante de santé, de créativité, de dynamisme. En témoigna de façon évidente le fait que pas moins de cent vingt-cinq librairies, présentes dans toutes les régions du Québec, acceptèrent de s'associer à cet anniversaire en consacrant leur vitrine à nos livres pendant plusieurs semaines. En témoigna aussi la fête magnifique que nous organisâmes le 8 novembre 2001 au Spectrum de Montréal et qui rassembla plus de six cents personnes, dont Jacques Parizeau, l'ancien premier ministre du Québec, Louise

Harel, alors ministre responsable de la Métropole, Bernard Descôteaux, directeur du quotidien *Le Devoir*, André Pratte, éditorialiste en chef de *La Presse*, ainsi que les présidents et directeurs généraux de l'Association nationale des éditeurs de livres et de l'Union des écrivaines et des écrivains québécois.

Cette fête, conçue par Sylvie Tremblay[22] sur le thème «Un vent de liberté et de beauté» et animée par Michel Désautels, fut à tous égards remarquable. Nous y lançâmes, sous le titre *Les mots des autres*, les mémoires d'éditeur de Victor-Lévy Beaulieu que j'avais convaincu de s'associer à l'événement et qui en était l'invité d'honneur en tant que de «père fondateur» de la maison. Nous y présentâmes un spectacle littéraire et musical extraordinaire, ponctué de lectures et de témoignages de nos auteurs, avec notamment la participation de danseurs de Montréal Danse, de Renée Claude, Jim Corcoran, Monique Fauteux, Loco Locass, Geneviève Paris et, bien entendu, Sylvie Tremblay elle-même.

Entouré de mes auteurs, mes collaboratrices et collaborateurs, ma famille et mes amis, j'étais ce soir-là un éditeur rempli de fierté, heureux d'avoir cette chance exceptionnelle de pouvoir contribuer au développement et au rayonnement de notre littérature nationale.

---

22. Quand j'étais président du Syndicat de la musique du Québec à la fin des années 1970, Sylvie Tremblay, auteure-compositrice et interprète, que je tiens pour l'une des plus belles voix du Québec, en était la trésorière. Nous avions depuis lors conservé de chaleureux liens d'amitié.

La marche à la poésie

Ses propriétaires passent, ses éditeurs passent, ses directeurs littéraires passent… L'Hexagone n'en poursuit pas moins depuis plus d'un demi-siècle sa longue et remarquable marche à la poésie, à tel point qu'avec le temps elle a fini par s'élever au premier rang des maisons d'édition de poésie au Québec et au Canada et parmi les toutes premières de l'ensemble de la francophonie. À mon avis, l'Hexagone est si vitale pour notre littérature – ne serait-ce que par la richesse exceptionnelle de son fonds littéraire qui rassemble les œuvres d'un nombre étonnant de nos meilleurs poètes – que le gouvernement québécois devrait la protéger et la soutenir comme une véritable institution nationale, comme un des plus beaux fleurons de notre patrimoine culturel.

Ne vous inquiétez pas. Je sais, bien sûr, que je rêve en couleur. Vous n'avez pas besoin de me «ramener les pieds sur terre», surtout pas sur cette terre d'inculture qui est la nôtre…

* * *

Quand je devins directeur général et éditeur du groupe Ville-Marie Littérature au début de 1996, Jean Royer était le directeur littéraire de l'Hexagone. Pierre Lespérance l'avait nommé à ce poste en 1992 et il avait bénéficié pendant les quatre années précédant mon arrivée d'une autonomie presque complète dans la mesure où mon prédécesseur, Jacques Lanctôt, occupé pour l'essentiel à réaliser ses projets éditoriaux chez VLB éditeur, se désintéressait plutôt des autres maisons du groupe.

Je connaissais peu Jean Royer. J'avais lu plusieurs de ses poèmes qui, en toute franchise, ne me touchaient pas particulièrement. Toutefois, sa participation à la fondation de la revue *Estuaire*, sa longue activité de critique et de directeur des pages littéraires du quotidien *Le Devoir*, ses livres d'entretien avec des écrivains, sa contribution à l'Académie des lettres du Québec et sa fonction de directeur littéraire de l'Hexagone suscitaient mon admiration. Je le percevais comme un animateur important de la vie littéraire québécoise. J'étais tout disposé à lui accorder ma confiance et à lui laisser la plus grande marge de manœuvre dans les choix éditoriaux de l'Hexagone.

J'y étais d'autant plus disposé que je devais faire face aux urgentes nécessités de réorganiser le groupe Ville-Marie sur des bases plus solides et de relancer la production littéraire de VLB éditeur dont j'assumais aussi la direction littéraire : deux défis qui réclamaient toute mon énergie. Aussi, dans les premiers temps, ayant plus de lièvres à courir à la fois qu'un honnête éditeur ne peut se le permettre, je me reposai entièrement et plutôt aveuglément sur Jean Royer pour la conduite des affaires de l'Hexagone.

La première année, notre collaboration se déroula, je crois, à notre mutuelle satisfaction. Nos relations étaient plutôt cordiales. Conscient que la survie même du groupe Ville-Marie Littérature reposait sur ma capacité à mettre en œuvre rapidement un ensemble de changements dans la composition de l'équipe et dans les divers aspects de notre fonctionnement, Royer m'apporta un réel appui. Il me fit bénéficier généreusement de sa connaissance du milieu littéraire et de son expérience des coulisses de l'édition. Les rencontres quotidiennes et les dîners nombreux que nous eûmes, souvent en compagnie de Miron, favorisèrent mon apprentissage intensif de ce nouveau métier d'éditeur. Je lui en serai toujours redevable.

Malheureusement, après le décès de Gaston Miron, son attitude se transforma. Il commença à se percevoir comme « le successeur et l'héritier de Miron », proclamant qu'il était « la caution littéraire » du groupe Ville-Marie, posant de plus en plus des gestes d'autopromotion qui provoquaient un malaise croissant chez les employés comme chez les auteurs de la maison. Par ailleurs, après avoir soutenu dans un premier temps les changements que j'introduisais dans les façons de faire du groupe Ville-Marie, Royer se replia dans une attitude de résistance boudeuse. À l'entendre, l'Hexagone était une vache sacrée qui ne pouvait souffrir aucune transformation. Cette attitude finit par l'isoler complètement et par entraîner son départ de la direction littéraire de l'Hexagone à l'été 1998.

* * *

Avant de nommer un nouveau directeur littéraire de l'Hexagone, je pris le temps de consulter les principaux écrivains attachés à la maison. Je m'y consacrai tout au long de l'automne 1998, multipliant les rencontres et les appels téléphoniques. Plusieurs souhaitaient qu'après avoir réorganisé le groupe Ville-Marie Littérature et relancé la production éditoriale de VLB éditeur, je m'investisse davantage dans la direction de l'Hexagone et que je la renouvelle, notamment en nommant un directeur littéraire qui ne soit pas lui-même un écrivain préoccupé par sa propre carrière littéraire et qui soit vraiment déterminé à faire souffler un vent de fraîcheur sur la vieille maison.

Je pris dans un premier temps la décision d'abandonner la direction littéraire de VLB éditeur pour la confier à Jean-Yves Soucy, de sorte que je puisse me consacrer plus entièrement à mes fonctions d'éditeur et de directeur général des trois maisons. Après quelques bons coups d'édition[1], la santé financière nouvelle du groupe me permettait enfin d'accroître nos ressources.

J'envisageai un moment de faire appel à un universitaire, spécialiste de la littérature québécoise, pour assumer la direction littéraire de l'Hexagone. J'avais deux noms à l'esprit : Marie-Andrée Beaudet de l'Université Laval et Pierre Nepveu de l'Université de Montréal. Je compris toutefois rapidement que je ne parviendrais jamais à leur proposer des conditions de travail équivalant à celles dont ils bénéficiaient déjà et j'abandonnai cette idée. Je songeai aussi sérieusement à recruter le poète acadien Serge Patrice Thibodeau dont nous venions de publier le recueil

---

1. En particulier *La cordonnière* de Pauline Gill et *Pour un Québec souverain* de Jacques Parizeau, qui furent rapidement deux grands best-sellers.

La marche à la poésie • 67

Dans la cité suivi de *Pacifica*[2], et qui m'avait manifesté son intérêt pour le poste. Mais je craignais trop qu'un autre écrivain, quelles que fussent ses qualités, ne se retrouve perpétuellement soumis à des conflits d'intérêts entre sa mission éditoriale et sa carrière littéraire. Après mûre réflexion, j'optai finalement pour Jean-François Nadeau. J'avais connu Nadeau en 1995, avant mon arrivée à la direction du groupe. Sollicité par la Société Saint-Jean-Baptiste de Montréal pour rédiger le mémoire que cette association voulait déposer à une commission parlementaire sur l'enseignement de l'histoire au Québec, je lui avais accordé, à la suggestion de Robert Comeau, un contrat de recherche pour lequel il m'avait donné pleine satisfaction. En 1996, je l'avais embauché à temps partiel comme responsable de la promotion du groupe Ville-Marie Littérature puis, après le décès de Miron, je lui avais confié de surcroît la direction littéraire des éditions Typo, ce qui lui procurait une tâche complète dont il s'acquittait fort bien. Il faisait par conséquent déjà pleinement partie de mon équipe éditoriale. Jeune, intelligent, dynamique et ambitieux, Nadeau, malgré sa relative inexpérience, me parut le candidat idéal pour marquer la nécessaire rupture avec le « règne » de Royer.

* * *

Avec Nadeau, nous nous mîmes résolument au travail pour rénover en profondeur l'Hexagone, en changer l'image quelque peu surannée et lui donner un nouvel élan.

---

2. L'Hexagone, 1997.

Nous commençâmes par faire un grand ménage dans les collections de la maison dont le nombre s'était excessivement multiplié avec les décennies et dont plusieurs, en fait la majorité, étaient inactives, voire obsolètes. Nous entreprîmes ensuite progressivement, comme je l'avais d'ores et déjà réalisé chez VLB éditeur, de revoir les maquettes des collections que nous souhaitions conserver et développer. Nadeau fit à cet égard un travail remarquable. Ainsi la collection de poésie, de noire, austère, tristounette et rébarbative qu'elle était, se transforma en une superbe et lumineuse collection blanche dont chaque couverture ouvre une fenêtre sur une œuvre d'un artiste québécois avec lequel le poète-auteur a des affinités. La collection de romans, banale et visuellement médiocre, changea de format et de conception pour devenir une belle collection littéraire pouvant se mesurer avec fierté aux collections similaires des plus grandes maisons d'édition. La collection « Rétrospectives », la plus prestigieuse collection de poésie au Québec, retrouva à ma demande, dès la réédition de *Ils ne demandaient qu'à brûler* de Gérald Godin en 2001, la grande qualité et le classicisme indémodable de ses débuts.

Parallèlement à la mise en œuvre de ces nécessaires changements visuels, nous consacrâmes pas mal de temps, de 1999 à 2001, à raffermir les liens avec les auteurs historiques de la maison et à ramener au bercail certains d'entre eux qui avaient fui vers d'autres cieux. Nous déployâmes également beaucoup d'énergie à recruter de nouveaux auteurs susceptibles d'assurer la relève. C'est ainsi que, grâce en particulier aux efforts de Nadeau, des écrivains tels Martine Audet, Jean Bédard, Salah El Khalfa Beddiari, Robbert Fortin, Marcel Olscamp, Michel Seymour et Tony Tremblay joignirent les rangs de la maison. C'est aussi Nadeau qui me présenta Pierre Falardeau, dont je devins l'éditeur et avec qui je développai une belle amitié.

Depuis mon arrivée à la direction du groupe, je me désolais de constater que l'Hexagone, contrairement au Noroît et aux Écrits des Forges, n'organisait à peu près aucune activité publique pour faire connaître ses poètes et assurer le rayonnement de la poésie québécoise. Avec Nadeau, nous corrigeâmes le tir. Par exemple, nous prîmes l'initiative de tenir des soirées de lecture en hommage aux grands poètes de la maison à chaque Salon du livre de Montréal. Quand le Québec fut invité d'honneur au Salon du livre de Paris au printemps 1999, nous organisâmes sur place, chaque jour, des «Midi poétique» sans lesquels les poètes québécois eurent été absents de cet événement. L'année suivante, nous contribuâmes à la célébration du centenaire d'Alain Grandbois en publiant, avec la collaboration de la Bibliothèque nationale du Québec et de la Galerie Éric Devlin, une superbe reproduction de son précieux recueil *Poèmes d'Hankéou*. Enfin, en 2000, nous éditâmes, grâce au soutien de la Centrale de l'enseignement du Québec, la splendide anthologie de la poésie québécoise présentée aux enfants intitulée *Avec des yeux d'enfant*. Préparé par Henriette Major et magnifiquement illustré par Marc Mongeau, ce livre devint un best-seller et contribua pour beaucoup à faire connaître à la jeune génération les poètes québécois.

Jean-François Nadeau et moi partagions, je crois, une réelle complicité intellectuelle et politique qui se concrétisa notamment par le sérieux coup de main qu'il m'apporta dans deux combats importants que je menai au cours de ces années-là : quand je rédigeai ma lettre[3] à la Cour suprême du Canada et que je mobilisai le milieu culturel québécois contre la démarche de cette institution fédérale visant à encadrer et à restreindre le droit à l'autodétermination du peuple québécois et quand, avec d'autres, nous nous opposâmes avec succès à l'inimaginable tentative de la ministre fédérale du Patrimoine, Sheila Copps, d'imposer, comme dans les États totalitaires et au nom de « l'unité nationale », l'impression obligatoire du drapeau canadien dans les livres.

Mais Nadeau, fils unique et individualiste dans l'âme, n'était pas, à cette époque du moins, un chaud partisan du travail collectif. Il souffrait manifestement de devoir participer aux rencontres de coordination que je tenais et aux réunions du comité éditorial[4] que j'avais constitué. Malgré mes encouragements répétés, il ne faisait pas vraiment d'efforts pour s'entourer d'une équipe de directeurs de collection qui lui aurait pourtant été fort utile dans son travail de relance de l'Hexagone.

Il n'était pas non plus ce qu'on peut appeler un homme convivial. Nous avions à cet égard des personnalités fort différentes. Passer de longues heures autour d'une table

---

3. Lettre intitulée *C'est à nous de décider de notre avenir!* qui fut signée par plusieurs dizaines d'écrivains et d'artistes et dont je fis une lecture publique dans le hall même de la Cour suprême à Ottawa.
4. À ce moment-là, ce comité était composé de Jean-François Nadeau, Simone Sauren, Jean-Yves Soucy et moi-même.

pour nouer des liens solides avec un écrivain ou un collaborateur était pour lui, qui se satisfaisait habituellement d'un rapide repas frugal, du temps perdu. Il était toujours parmi les premiers à quitter les lancements et les fêtes d'auteurs que je prenais pour ma part un grand plaisir à orchestrer et à animer. Un jour où nous étions ensemble à Paris, il m'apprit qu'il ne connaissait pas l'historique et célébrissime café « La Coupole ». Bien qu'il fût minuit, je l'y invitai sur-le-champ. Nous prîmes un taxi qui nous conduisit à cette véritable institution parisienne, boulevard Montparnasse, et, dès notre arrivée, tout à mon bonheur de lui faire découvrir ce splendide endroit, je lui offris une coupe de champagne pour célébrer l'événement. Il refusa ma proposition et, selon son habitude, commanda plutôt un verre de lait. Sidéré, le garçon lui répondit : « Je regrette, Monsieur, nous ne tenons pas ce produit-là ! »

Mais surtout, en ces années-là, Nadeau nourrissait trop d'ambitions à la fois pour donner sa pleine mesure à l'Hexagone et pour lui consacrer le temps et l'énergie nécessaires à insuffler un véritable nouvel élan à la maison. En plus de son travail de directeur littéraire, il terminait un doctorat en histoire à l'UQAM, participait à certaines émissions au canal Historia, dirigeait la rédaction du périodique *Couac*[5]. Aussi ne fus-je guère étonné quand, trois ans à peine après avoir accepté de relever ce défi et avant d'avoir pu réellement marquer l'Hexagone de son empreinte, il démissionna pour aller occuper un poste de professeur

---

5. Je pouvais difficilement m'en plaindre puisque c'est moi qui l'avais présenté à Pierre de Bellefeuille et qui avais incité ce dernier à faire appel à ses services.

d'histoire dans une université ontarienne. Mais je fus réellement attristé de perdre ce collaborateur talentueux en qui je voyais mon éventuel successeur. Lors de notre dernière rencontre, je lui fis part de mes sentiments en lui disant qu'il avait à mes yeux la capacité de mener une grande carrière d'historien, d'universitaire, de journaliste ou d'éditeur, mais qu'il ne pouvait certainement pas tout réussir en même temps et qu'il devrait se disperser moins s'il désirait vraiment faire sa marque. Je crois malheureusement qu'il m'en voulut un peu de ce commentaire que son orgueil lui fit peut-être prendre pour un blâme, alors qu'il n'était que la franche expression de l'amitié que j'éprouvais pour lui.

* * *

Le départ de Nadeau me conduisit à entreprendre, au cours de l'année 2002, une sérieuse remise en question de notre façon de concevoir et d'organiser la direction éditoriale de nos maisons. À mon arrivée à la tête du groupe Ville-Marie Littérature en 1996, j'avais hérité d'une structure de direction éditoriale simple et classique : chacune des trois maisons était chapeautée par un directeur littéraire qui, sous l'autorité de l'éditeur, coordonnait l'édition de tous les livres publiés dans cette maison, peu importe leur genre littéraire. Je m'étais contenté de reproduire cette façon de faire. Or, six années plus tard, l'expérience acquise m'amenait à constater combien il est difficile de trouver des directeurs littéraires vraiment polyvalents. Ainsi, Jean-François Nadeau excellait dans l'édition d'essais mais ni le roman ni la poésie ne le passionnaient. Jean-Yves Soucy, pour sa part, était spécialisé dans l'édition de romans et assez compétent dans le domaine des essais mais la poésie, bien que sa compagne, Carole Massé, soit une bonne poète, n'était vraiment pas sa tasse de thé. Aussi décidai-je, à l'occasion de la démission de Nadeau, de mettre fin à cette tradition d'avoir des directeurs littéraires attitrés pour chacune de nos maisons et de désigner plutôt, comme cela se fait dans certaines maisons européennes, des directeurs par genre littéraire. Je nommai Jean-Yves Soucy responsable de la fiction (romans, nouvelles, théâtre) pour l'ensemble de nos maisons. J'embauchai l'ex-éditeur des Presses de l'Université de Montréal, Robert Laliberté, pour diriger le domaine des essais. Enfin, je me parachutai directeur littéraire de la poésie.

La conjonction du départ de Nadeau et de l'imminence du cinquantenaire de l'Hexagone m'amena également à engager, toujours en 2002, une profonde réflexion sur l'histoire de cette maison, sa mission éditoriale dans le paysage littéraire québécois et ses perspectives d'avenir.

Au cours des trois premières décennies de son existence, l'Hexagone, dirigée par Gaston Miron avec l'aide de ses amis poètes, s'était concentrée pour l'essentiel sur l'édition de poésie. Il s'agissait d'une maison artisanale qui survivait grâce au bénévolat de ses animateurs et qui publiait chaque année un nombre très restreint de livres. Ce ne fut qu'à partir de 1983, quand Alain Horic – qui en était depuis longtemps l'administrateur – en devint le propriétaire et l'éditeur, que l'Hexagone élargit véritablement son champ d'activité aux romans et aux essais. Or, vingt ans plus tard, force m'était de constater que l'Hexagone, bien qu'elle ait édité entre-temps des romanciers accomplis – Jean Bédard, Jacques Desautels, Abla Farhoud et Madeleine Monette, pour n'en nommer que quelques-uns – et d'excellents essayistes – Luc Bureau, Serge Cantin, Michel Seymour et Pierre Vadeboncoeur, pour ne citer que quelques noms –, demeurait, dans le milieu littéraire québécois et pour la plupart des gens, perçue et reconnue d'abord et avant tout comme une maison d'édition de poésie.

Qui plus est, le destin de l'Hexagone était lié depuis plus d'une décennie à celui de VLB éditeur au sein du groupe Ville-Marie Littérature et tout laissait croire que ce jumelage allait perdurer dans l'avenir. Or, même si VLB éditeur avait développé une belle collection de poésie, avec notamment des poètes aussi importants que Philippe Haeck et Madeleine Gagnon, c'est surtout, au contraire de l'Hexagone, dans le roman, le théâtre et l'essai que cette maison s'était illustrée. N'était-il pas logique que chacune agisse désormais dans les créneaux où elle excellait ? Le moment n'était-il pas venu pour l'Hexagone de renouer avec ses finalités premières et de se repositionner comme la grande maison d'édition de poésie au Québec ? La question se posait avec d'autant plus d'acuité que les organismes subventionnaires réclamaient avec une insistance croissante que je clarifie la mission éditoriale de chacune des maisons.

Après une consultation menée auprès de mon équipe et des principaux écrivains attachés à nos maisons et avec un très large appui de ces derniers, j'annonçai cette réorientation à la veille du cinquantenaire de l'Hexagone. Je transférai les collections de poésie et de chansons et monologues de VLB éditeur à l'Hexagone. À l'inverse, je fis passer la collection de romans de l'Hexagone chez VLB éditeur et je créai dans cette maison une nouvelle collection, « Les champs de la culture », pour accueillir les essais culturels et littéraires jusqu'alors publiés par l'Hexagone. J'en confiai la direction à Robert Laliberté que je venais d'embaucher pour coordonner la production des essais au groupe Ville-Marie.

* * *

Les missions éditoriales des maisons et les responsabilités des directeurs littéraires étant désormais mieux circonscrites, me retrouvant du fait de ces changements seul maître à bord dans le domaine de la poésie, je pouvais enfin, à compter de 2002, mettre en œuvre les idées que je caressais depuis longtemps quant à l'édition des poètes.

Je m'attelai d'abord à réaliser ce que ni Royer ni Nadeau, malgré mes adjurations maintes fois réitérées, ne s'étaient résolus à faire : créer une véritable équipe éditoriale autour de la poésie, de sorte que la publication et le rayonnement de celle-ci ne reposent plus sur les épaules d'une seule personne. J'invitai Gilles Cyr, poète émérite et vieux routier de l'Hexagone, à prendre la tête de la collection « Rétrospectives ». Je désignai Simone Sauren, directrice des communications du groupe et passionnée de poésie, pour tenir les rênes de la collection « La voie des poètes », consacrée à la prose poétique. Je recrutai l'excellent poète Robbert Fortin, qui était déjà lecteur à l'Hexagone, pour diriger la nouvelle collection de poésie en vers libres nommée désormais « L'appel des mots ».

Avec Robbert Fortin et Simone Sauren, nous nous donnâmes le défi, à raison d'une douzaine de titres par année de 2002 à 2005, de publier les œuvres inédites des poètes attachés de longue date à nos maisons, les Gilles Cyr, Pierre DesRuisseaux, Madeleine Gagnon, Roland Giguère, Philippe Haeck, Paul-Marie Lapointe, Gaston Miron, Fernand Ouellette, Michel van Schendel, mais aussi d'accueillir les nouvelles voix de la poésie québécoise, en particulier celles des Martine Audet, Claudine Bertrand, Isabelle Courteau, Thierry Dimanche, Fernand Durepos, Ollivier Dyens, Violaine Forest, Danielle Fournier, Dominic Gagné, Pierre Ouellet, Danny Plourde, Karen Ricard, Pierre-Yves Soucy, Nathalie Stephens, Tony Tremblay et Louise Warren, sans oublier Robbert Fortin lui-même.

Avec Gilles Cyr, nous relançâmes au cours de la même période la collection « Rétrospectives », ce qui n'était pas une mince affaire, compte tenu que chaque ouvrage comprenait plusieurs centaines de pages et représentait une charge de travail et des coûts d'édition équivalant à l'ensemble du reste de la production de poésie d'une saison. Après celle de Gérald Godin, que j'avais publiée en 2001, nous rééditâmes en 2003 l'œuvre intégrale d'Alain Grandbois, en 2004 la deuxième partie de celle de Paul-Marie Lapointe et en 2005 celle de Pierre Nepveu. Nous mîmes également en chantier les rétrospectives d'Hélène Dorion et de Madeleine Gagnon, qui parurent respectivement en 2006 et 2007.

Je complétai ce programme d'édition de poésie sans précédent depuis la constitution du groupe Ville-Marie Littérature en 1991 en publiant en poche dans Typo, entre 2002 et 2005, le classique *Terre Québec* suivi de *L'afficheur hurle* et de *L'inavouable* de Paul Chamberland, ainsi que les anthologies *D'argile et de souffle* d'Hélène Dorion, *Entre cuir et peau* de Lucien Francœur, *Le chant de la terre* de Madeleine Gagnon et *Une collection de lumières* de Louise Warren. Je mis également sur les rails une anthologie de prose et poésie gaies et lesbiennes intitulée *Baiser vertige*, préparée par Nicole Brossard, qui parut en 2006, de même que des anthologies des poèmes de Nicole Brossard et d'Yves Préfontaine[6]. Je parvins de surcroît à convaincre Laurent Mailhot et Pierre Nepveu d'entreprendre le colossal travail de mise à jour de leur imposante et unique anthologie de la poésie québécoise[7] qui constitue un des plus grands best-sellers et un des plus beaux fleurons de la collection Typo.

Enfin, avec l'appui financier de la Centrale des syndicats du Québec[8] et grâce à la complicité active de plusieurs centaines d'enseignantes et d'enseignants, j'organisai deux grands concours de poésie dans les écoles du Québec : le premier, auquel participèrent pas moins de dix-sept mille élèves du primaire, se traduisit par la publication en 2002 du livre *Les plus beaux poèmes des enfants du Québec* sélectionnés par un jury composé de Richard Desjardins, Hélène Dorion, Henriette Major et Tony Tremblay ; le second, auquel prirent part plus de quatorze mille étudiantes et étudiants du secondaire, se conclut par l'édition

---

6. Au moment d'écrire ces lignes, ces deux anthologies n'ont pas encore été publiées.
7. Cette nouvelle édition est parue à l'automne 2007.
8. Isabelle Gareau, alors conseillère aux communications de cette organisation, m'apporta dans ces deux entreprises un soutien constant, efficace et enthousiaste, sans lequel ces projets n'auraient pu être menés à bien.

en 2003 du livre *Poèmes d'amour et de révolte* choisis par un jury constitué de Gilles Cyr, Robbert Fortin et Simone Sauren.

* * *

Tout en commençant à mettre en œuvre avec mon équipe de directeurs de collections de poésie ce vaste programme éditorial, je me consacrai en 2002 à préparer la célébration du cinquantième anniversaire de l'Hexagone qui se déroula, à travers divers événements, tout au long de l'année 2003. Nous venions tout juste de fêter, en 2001, les vingt-cinq années d'existence de VLB éditeur. Aussi avais-je une certaine expérience de ce type d'activité. Toutefois, alors que j'avais pu amasser quelque cent mille dollars de subventions et de commandites en argent ou en services pour financer l'anniversaire de VLB éditeur, je ne parvins de peine et de misère à récolter, essentiellement auprès de nos fournisseurs, que le quart de cette somme pour souligner le cinquantenaire de l'Hexagone. Il faut dire qu'entre-temps le Québec avait changé de gouvernement. Alors que, deux ans plus tôt, plusieurs ministres péquistes m'avaient donné un solide coup de main, les libéraux firent la sourde oreille à mes demandes. La nouvelle ministre de la Culture, Line Beauchamp, ne prit même pas la peine d'envoyer un accusé de réception à la lettre que je lui adressai pour l'inviter à s'associer à l'anniversaire de l'Hexagone. Son attaché politique chargé des relations avec le milieu du livre ne daigna pas me rendre mes appels. Pour sa part, Lisa Frulla, alors ministre du Patrimoine canadien, nous refusa sans état d'âme apparent tout soutien. Manifestement, à Ottawa comme à

Québec, la poésie ne faisait pas partie des priorités des libéraux… Disposant de moyens limités, il nous fallait faire preuve d'imagination. Je refusais que le cinquantenaire de l'Hexagone se résume à une seule grande fête qui n'aurait rassemblé somme toute que les poètes eux-mêmes entourés du premier cercle restreint des amateurs de poésie. Je souhaitais profiter de cette anniversaire pour faire entendre plus largement la voix de nos poètes et pour faire rayonner la poésie dans tous les grands événements littéraires de l'année 2003. Aussi, avec l'aide de mes directeurs de collection et plus particulièrement avec la collaboration inestimable de Robbert Fortin sans qui rien n'aurait été possible, j'organisai, sur le thème « Depuis 50 ans, la marche à la poésie », une véritable tournée de l'Hexagone.

C'est ainsi que le 31 mars 2003, à l'occasion du lancement des nouveautés printanières du groupe Ville-Marie Littérature devant quelque cinq cents personnes rassemblées à la Bibliothèque Saint-Sulpice à Montréal, nous amorcions les festivités du cinquantenaire par une lecture à quatre voix de certains des plus beaux poèmes de notre répertoire national. Deux jours après, nous inaugurions le Festival littéraire international Métropolis bleu par un récital de nos poètes. Un peu plus tard en avril, nous « envahissions » le Salon du livre de Québec en faisant lecture d'un poème à l'ouverture de chaque événement public – conférence, débat, table ronde – qui se déroulait pendant ledit salon et en procédant auprès des visiteurs au tirage d'une grande bibliothèque de poésie. Le 1er mai, lors du l'inauguration du Marché de la poésie de Montréal, nous lancions les *Poèmes épars* de Gaston Miron dont j'avais aussi édité pour l'occasion une version de luxe à tirage limité. Le 12 mai, nous présentions, dans le cadre du Festival international de la littérature, un spectacle-lecture musical intitulé « L'Hexagone en jazz » à la salle Le Lion d'or, à Montréal. Au cours du même mois de mai, nous organisions ce grand concours de poésie dans les écoles secondaires du Québec dont j'ai déjà parlé. Le 17 juin, en collaboration avec la Délégation générale du Québec à Paris, nous tenions, rue Pergolèse, une table ronde publique[9] sur le thème « Héritage et actualité de Gaston Miron », procédions au lancement parisien des *Poèmes épars* et inaugurions le nouveau nom de la bibliothèque de la délégation appelée désormais Bibliothèque Gaston-Miron. Le 21 juin, nous donnions un grand récital poétique sur la scène principale du Marché de la poésie de Paris, Place Saint-Sulpice. Soulignons que c'était la première fois qu'une maison d'édition québécoise était ainsi mise à l'honneur depuis la création de ce marché deux décennies plus tôt. Au mois d'octobre suivant, nous offrions un récital de poésie à l'ouverture du Festival international de la poésie de Trois-Rivières et nous publiions un cahier spécial sur le cinquantenaire de l'Hexagone dans le quotidien *Le Devoir*. En novembre, nous lancions au Salon du livre de Montréal l'anthologie *Poèmes d'amour et de révolte* et nous organisions l'événement « Je veille en poésie au Salon ». Enfin, le 10 décembre, nous concluions les festivités en présentant au Studio littéraire de la Place des Arts à Montréal un récital de poésie

---

9. Animée par Dominique Noguez, elle réunissait Marie-Andrée Beaudet, Pierre Nepveu, Yannick Resch et moi-même.

et de musique intitulé *Courtepointes* en hommage au fondateur de la maison.

En l'espace d'un an, nous organisâmes donc au Québec et en France, avec des moyens franchement ridicules et dans la plus totale indifférence du ministère dit de la Culture, pas moins de treize événements, mettant à contribution des dizaines de poètes de toutes les générations, ainsi que plusieurs musiciens, et rejoignant des dizaines de milliers de personnes, pour souligner avec l'envergure que cette grande maison de poésie méritait le demi-siècle d'existence de l'Hexagone.

* * *

Cette façon de célébrer le cinquantenaire de la maison – en amenant la poésie au monde plutôt qu'en essayant d'amener le monde à la poésie – traduisait bien les convictions et la volonté qui étaient les miennes pendant la décennie où je fus l'éditeur de l'Hexagone.

Ces convictions et cette volonté me conduisirent à soutenir autant que faire se peut et dès sa fondation la Maison de la poésie, à siéger à son conseil d'administration, à participer et à contribuer chaque année à la manifestation publique qu'elle organise Place Gérald-Godin à Montréal, à l'héberger pendant quelque temps à notre stand au Marché de la poésie de Paris, à me démener comme un diable dans l'eau bénite pour tenter de lui donner un lieu et un financement adéquats.

Nous fûmes à deux doigts de réussir en 2002-2003. À l'initiative d'Isabelle Courteau qui en était déjà la directrice générale et avec les autres membres du conseil d'administration, nous avions identifié un emplacement pour la Maison, établi les devis, réalisé les plans architecturaux, obtenu – grâce à l'appui de Louise Harel, alors ministre responsable de la Métropole – le financement de sa construction et de son aménagement. Il ne nous manquait pour aller de l'avant que la garantie d'un budget récurrent de fonctionnement que seule la ministre de la Culture pouvait nous octroyer. Malheureusement, cette fonction était alors occupée par Diane Lemieux, cette même Diane Lemieux qui avait préféré l'année précédente assister à un banal cocktail de financement partisan dans un obscur comté plutôt que de se joindre aux six cents personnes que j'avais rassemblées au Spectrum de Montréal pour célébrer les vingt-cinq ans de VLB éditeur. Elle ne trouva même pas le temps de nous recevoir et de nous écouter. Je pris alors sur moi, comme j'étais son éditeur, de porter directement le projet à l'attention du premier ministre Bernard Landry. Il sortit un cahier noir de la poche de son veston, nota soigneusement ce que je lui disais, me déclara avec emphase qu'il se considérait comme un ami des poètes, me parla avec émotion de ses relations avec Gaston Miron, me déclara qu'il partageait mon sentiment de honte que le Québec n'ait même pas une seule maison de la poésie, ne serait-ce que pour accueillir en résidence des poètes étrangers alors que les poètes québécois sont aujourd'hui invités partout dans le monde, me donna la ferme assurance qu'il s'occuperait du dossier et secouerait les puces de sa ministre de la Culture... et oublia manifestement toute l'affaire dès que la porte de son bureau se referma sur moi.

Puis les élections de 2003 arrivèrent et le Parti Québécois les perdit, ayant failli à ses responsabilités cultu-

La marche à la poésie • 83

relles et raté de manière navrante l'occasion en or qui s'était présentée de doter le Québec d'une institution littéraire essentielle. Il ne me resta plus, en plaisantant avec amertume, qu'à implorer à la blague Pierre-Yves Soucy, Québécois expatrié en Belgique, poète[10], éditeur et animateur de la vie littéraire belge, de lancer un mouvement de solidarité auprès des Belges pour qu'ils fassent don – eux qui, avec une population à peine plus élevée que celle du Québec, en possèdent quatre – d'une Maison de la poésie à notre pauvre nation sous-développée...

* * *

Il existe un mythe tenace au Québec : la poésie serait, croit-on, irrémédiablement impopulaire. Aussi les professeurs ne l'enseignent pas, les journalistes n'en parlent pas, les bibliothécaires ne la proposent pas, les libraires ne la vendent pas. Le milieu de la poésie lui-même a si bien intégré cette «vérité» qu'il a eu tendance avec le temps à souvent se replier dans une sorte de ghetto poétique; se sentant rejetés, les poètes se réunissent entre eux pour se lire leurs textes les uns aux autres dans des cafés marginaux à des heures indues. Il est vrai que les chiffres de vente des recueils de poésie, qui franchissent rarement le cap des deux cents exemplaires, paraissent confirmer et justifier cette opinion dominante.

Pourtant, certains livres de poésie – *L'homme rapaillé* de Gaston Miron, *Poésies complètes* d'Émile Nelligan, *Anthologie de la poésie québécoise* de Laurent Mailhot et Pierre Nepveu – sont de véritables best-sellers. Ils se sont

---

10. J'ai publié de lui *L'écart traversé* à l'Hexagone en 2003.

vendus à des dizaines de milliers d'exemplaires, des résultats, il faut le reconnaître, que fort peu de romans et encore moins d'essais ont atteints dans la jeune histoire de notre littérature. Sans rejoindre un public aussi large, d'autres poètes – pensons à un Roland Giguère ou une Hélène Dorion – disposent d'un lectorat que pourraient leur envier bien des romanciers et nombre d'essayistes. Quand on se donne la peine, comme je l'ai fait en l'an 2000[11], d'offrir en librairie, dans une forme attrayante et avec des illustrations de qualité, une anthologie de la poésie québécoise destinée aux enfants, c'est à plus de huit mille exemplaires qu'elle s'écoule. Quand on sollicite le milieu scolaire pour participer sur une base volontaire à des concours de poésie, comme je l'ai réalisé en 2002 et 2003, c'est par centaines que les enseignants répondent à l'appel, c'est plus de trente mille jeunes qui relèvent le défi. Et puis, le Festival international de la poésie de Trois-Rivières, créé et mené de main de maître par Gaston Bellemare des Écrits des Forges, n'est-il pas parvenu avec le temps à s'imposer comme la principale manifestation culturelle de cette ville et comme la fierté de ses habitants ? Le Marché de la poésie de Montréal n'est-il pas fréquenté chaque année par un nombre croissant de visiteurs ? Une artiste comme Chloé Sainte-Marie n'est-elle pas devenue une étoile de la chanson québécoise en interprétant les textes des Gaston Miron, Roland Giguère et Patrice Desbiens ? Le magnifique album *Douze hommes rapaillés*, imaginé et orchestré avec grand talent par le compositeur Gilles Bélanger, mettant en

---

11. Comme je le ferai aussi pour le lectorat adulte, également avec succès, en éditant chez Fides en 2007 *Les cent plus beaux poèmes québécois*.

musique les poèmes de Miron, n'a-t-il pas été en tête du palmarès pendant de longs mois?

Imaginons un instant que le ministère de l'Éducation, les commissions scolaires, les collèges et les universités abandonnent leurs stupides préjugés envers la poésie, la mettent enfin à l'étude dans les cours de littérature et de français, invitent les poètes dans leurs institutions, rendent leurs recueils disponibles dans les bibliothèques, organisent des sorties scolaires en collaboration avec une Maison de la poésie dotée de ressources adéquates, tiennent chaque année des concours d'écriture poétique auprès de leurs étudiants, créant ainsi peu à peu un véritable public lecteur.

Imaginons que chaque bibliothèque municipale soit tenue de constituer un fonds de livres de poésie et de l'enrichir progressivement en achetant quelques exemplaires de la centaine de titres québécois nouveaux qui paraissent chaque année.

Imaginons que les librairies sortent les recueils de poésie des entrepôts où elles les confinent honteusement, les mettent en vitrine aux côtés des livres de cuisine, les proposent à leurs clients curieux.

Imaginons que les médias mettent fin à leur scandaleux boycott des œuvres poétiques, que les puissants groupes de presse – ces Gesca et Quebecor qui se targuent de culture – ouvrent leurs pages et leurs ondes à la parole des poètes, de sorte que, pourquoi pas, «tout le monde finisse par en parler».

Imaginons qu'Hydro-Québec, comme le fait l'EDF[12] chaque année en France au moment du «Printemps des

---

12. Électricité de France.

poètes », insère un poème dans la facture qu'il envoie à ses millions d'abonnés et que les sociétés d'État et les grandes entreprises, comme cela se pratique dans plusieurs pays européens, offrent des livres de poésie à leurs clients, partenaires et employés, commanditent aussi l'édition de beaux livres de poésie.

Imaginons que nous n'attendions pas des décennies après sa mort, comme nous l'avons fait pour Émile Nelligan, avant de dresser une statue à Gaston Miron dans un grand parc public, que nous installions une plaque commémorative sur la maison où il a écrit l'essentiel de son œuvre poétique rue Saint-André à Montréal, que nous changions le nom religieux de cette artère pour celui, tellement plus imaginatif et signifiant, de *Rue de l'Homme rapaillé*.

Rêvons que la poésie soit enfin reconnue ici pour ce qu'elle est : la plus pure, la plus belle et la plus précieuse expression de la liberté.

Rêvons que le Québec devienne enfin, en Amérique et dans le monde, une terre de culture et de poésie.

Rêvons que les Québécois se reconnaissent enfin pour ce qu'ils sont aussi : un peuple de poètes.

L'irremplaçable voix des poètes

Aussi loin que remontent mes souvenirs, la voix des poètes a toujours accompagné mes jours. Leurs écrits, jamais loin de ma table de chevet, n'ont jamais cessé d'habiter mon univers. Dans ma jeunesse, il y eut bien sûr les Baudelaire, Grandbois, Nelligan, Rimbaud, Saint-Denys Garneau et Verlaine dont les mots me faisaient tressaillir d'émotion. Puis vint la rencontre avec Miron dont *L'homme rapaillé*, aujourd'hui encore, me parle comme un vieux compagnon dont on ne se lasse pas. Plus tard, il y eut Neruda dont je récitais les *Odes élémentaires* à mes enfants avant les repas du dimanche et tant d'autres dont les mots me touchaient l'esprit et le cœur.

Enfin, l'Hexagone arriva dans ma vie et m'offrit ce bonheur d'être un peu plus que le lecteur et l'ami des poètes, d'être leur éditeur.

* * *

Quand je suis arrivé à la direction de l'Hexagone en 1996, la maison, déjà vénérable, venait, trois ans plus tôt, de célébrer ses quarante années d'existence. La première génération de ses poètes lui avait depuis longtemps déjà donné ses lettres de noblesse. Certains d'entre eux, je songe par exemple à Gilles Hénault, étaient décédés et je n'aurais le bonheur de les connaître qu'à travers leurs œuvres. Les autres étaient dans la soixantaine, sinon septuagénaires, et quelques-uns allaient bientôt nous quitter. Je n'aurais finalement l'occasion de croiser ceux-là, pour la plupart, qu'assez brièvement.

Je pense d'abord à Pierre Perrault, l'un des pères du cinéma documentaire québécois et le maître incontesté du « cinéma vécu », qui nous a donné les chefs-d'œuvre cinématographiques *Pour la suite du monde, Le Règne du jour, Les Voitures d'eau, Un pays sans bon sens, La Bête lumineuse, La Grande Allure* et j'en passe. Perrault a contribué à plus de quatorze séries d'émissions radiophoniques. Il a écrit l'un des classiques de notre dramaturgie nationale, *Au cœur de la rose,* que j'ai réédité chez Typo en 2002 avec la complicité de Yolande Simard, sa fidèle et magnifique muse, à l'occasion de la reprise de la pièce par le Théâtre du Rideau Vert en collaboration avec le Théâtre Ubu. Perrault est également l'auteur d'une œuvre poétique majeure centrée sur un thème qui ne cessa jamais de le hanter, qu'il nommait « la québécoisie » – parole du Québec par des Québécois –, et qui s'incarne notamment dans des rétrospectives telles *Chouennes* et *Gélivures*[1].

Je le revois, à l'hiver 1996, assis pendant de longues journées à notre table de conférence, corrigeant avec une patience, une minutie et une concentration exemplaires les épreuves du livre d'entretiens que Paul Warren avait

---

1. L'Hexagone, 1975 et 1977.

réalisés avec lui et que je publierais à l'Hexagone la même année sous le titre *Cinéaste de la parole*. Je le revois aussi, avec tristesse, faisant le pied de grue dans le hall du groupe Ville-Marie Littérature, attendant en vain l'arrivée du directeur littéraire de l'Hexagone, Jean Royer, qui lui avait donné rendez-vous et qui lui fit l'injure de ne pas se présenter. J'eus beau me confondre en excuses, Pierre Perrault fut blessé et s'en alla publier ses livres ailleurs.

Dès le départ de Jean Royer à l'été 1998, je pris rendez-vous avec Perrault et l'invitai avec empressement à réintégrer les rangs de l'Hexagone. Il accepta immédiatement mon offre, heureux, me dit-il, de revenir dans la maison qu'il avait toujours considérée comme la sienne et qu'il avait abandonnée la mort dans l'âme. Malheureusement, la maladie l'emporta moins d'un an plus tard, le 24 juin 1999. Nous avions néanmoins entrepris entre-temps, avec l'active complicité de Jean-François Nadeau, l'édition de ses deux derniers essais, *Nous autres icitte à l'île*, publié l'année de sa mort, et *Partismes*, publié à titre posthume en 2001. J'aurai toujours le regret de ne pas avoir mieux connu cet homme qui a notamment écrit :

> est-ce qu'on peut retenir l'eau ?
> peut-on savoir qu'elle passera ?
> j'habite désormais les silences
> et tout ce qui me reste à dire
>
> car les fleurs sont l'enfance des fruits[2]

*

---

2. Tiré du poème *Bilan*, publié dans *Chouennes*, l'Hexagone, 1975.

Je pense aussi à Roland Giguère, cet immense artiste surréaliste – éditeur, maquettiste, graveur, peintre et poète – à ce jour le seul Québécois à s'être vu décerner à la fois le prix Paul-Émile-Borduas, grand prix du Québec en arts visuels, et le prix Athanase-David, grand prix du Québec en littérature. Son œuvre écrite, traduite notamment en anglais, en espagnol, en italien et en ukrainien, a été en partie rassemblée dans trois recueils publiés à l'Hexagone et dans Typo : *L'âge de la parole*, *La main au feu* et *Forêt vierge folle*. C'est dans ce dernier livre qu'on trouve ce poème extraordinaire dont Chloé Sainte-Marie a fait l'une des plus belles chansons de son répertoire que je ne cesse d'écouter en boucle. Il commence ainsi :

> Toi la mordore
> toi la minoradore
> entourée d'aurifeuflammes
> toi qui mimes le mimosa
> toi qui oses le sang de la rose

Je l'ai connu en 1997 quand nous éditâmes son recueil *Illuminures* à l'Hexagone. J'eus une seule véritable rencontre avec lui. Ce fut l'année suivante. Je souhaitais le consulter avant de nommer un successeur à Royer à la direction littéraire de la maison. Nous eûmes un long dîner au restaurant La Diva, boulevard René-Lévesque. Je trouvai en face de moi un homme mélancolique qui me parla avec nostalgie de ses rêves de jeunesse, de ses séjours en France, de sa participation au mouvement surréaliste, des éditions Erta qu'il avait fondées en 1949, de sa longue relation avec Gaston Miron, de sa solitude

L'irremplaçable voix des poètes • 91

grandissante : « C'est moi qui ai mené la vie la plus folle et j'ai toujours pensé que je partirais le premier. Pourtant je vois mes amis, tous plus sages, disparaître les uns après les autres. Bientôt, je me retrouverai le seul survivant. » Je ne le revis plus qu'épisodiquement, la dernière fois en mai 2001 quand il reçut le premier Prix du poète remis à l'occasion du Marché francophone de la poésie de Montréal. Ce prix était accompagné d'un lot de bouteilles de vin offert par la Société des alcools du Québec qui en était le commanditaire. Giguère fit crouler de rire l'assistance en affirmant, dans son bref discours d'acceptation, qu'il était normal qu'il soit le premier récipiendaire de ce prix, ayant été le poète québécois qui avait le plus contribué aux bénéfices de la SAQ !

En 2002, je tentai plusieurs fois de le joindre pour l'associer aux célébrations du cinquantième anniversaire de l'Hexagone que je commençais à préparer. Il ne me rendit aucun de mes nombreux appels. Inquiet, je m'enquis de lui auprès de ses amis, Paul-Marie Lapointe et Michel van Schendel, qui m'apprirent qu'il perdait peu à peu la vue – sans doute le pire sort que la vie peut réserver à un artiste-écrivain – et qu'il s'était replié dans un isolement presque total. En fait, il était en train de sombrer dans le désespoir.

Le 17 août 2003, il s'enleva la vie. J'étais alors en voyage le long du Mississipi et j'appris la funeste nouvelle trop tard pour être présent à ses funérailles. En 2004, j'organisai, avec le précieux concours de Robbert Fortin, deux événements pour lui rendre hommage et je publiai à l'Hexagone, avec la collaboration de son inconsolable et passionnée compagne, Marthe Gonneville, son recueil posthume intitulé *Cœur par cœur*.

* * *

Même s'il n'était pas de la première génération de l'Hexagone et que plusieurs de ses recueils ont été publiés dans d'autres maisons, je pense également à Gilbert Langevin, le plus pur, le plus fragile, le plus intransigeant, mais aussi le plus chanté de nos poètes, qui a publié quelque trente livres et écrit plus d'une centaine de chansons. Quel Québécois n'a pas un jour fredonné l'un de ses textes, la plupart du temps sans savoir qu'il en était l'auteur?

Évoquons simplement pour mémoire *Comme je crie, comme je chante, La voix que j'ai, Celle qui va, Ange-animal, Dans le cri de nos nuits*, interprétées par les Pauline Julien, Offenbach, Marjo, Dan Bigras et Luce Dufault, ou encore l'inoubliable *Le temps des vivants*:

> que finisse le temps des prisons
> passe passe le temps des barreaux
> que finisse le temps des esclaves
> passe passe le temps des bourreaux
>
> je préfère l'indépendance
> à la prudence de leur troupeau
> c'est fini le temps des malchances
> notre espoir est un oiseau

J'ai connu Langevin bien avant d'avoir le privilège de devenir son éditeur, le rencontrant au fil des ans dans l'un ou l'autre des bars de la rue Saint-Denis où il se consumait vivant en une tragique ivresse créative. Né à La Doré au

Lac Saint-Jean en 1938, il mourut trop tôt en 1995 à Montréal. En 1997, avec la complicité de la douceur faite femme, sa compagne Jeannine Thomas, j'éditai dans Typo, sous le titre *PoéVie*, une anthologie de ses poèmes, chansons, proses et aphorismes préparée et présentée par son ami Normand Baillargeon, ainsi que, dans la collection «Chansons et monologues» chez VLB éditeur, sous le titre *La voix que j'ai*, l'intégrale de ses chansons préparée et présentée par André Gervais, afin de lui rendre hommage et avec l'espoir d'assurer ainsi la pérennité et le rayonnement de son œuvre littéraire.

J'avais aussi le projet de rassembler dans la collection «Rétrospectives» de l'Hexagone l'ensemble de ses poèmes, mais le temps ne m'aura pas permis de le mener à terme.

* * *

Je pense enfin à Gérald Godin, né à Trois-Rivières en 1938, qui fut l'ami et le compagnon de lutte de Gaston Miron, qui fut aussi journaliste, professeur, éditeur, député, ministre et qui disparut en 1994 après un long combat contre une tumeur au cerveau. Il laisse une œuvre poétique considérable rassemblée dans la rétrospective intitulée *Ils ne demandaient qu'à brûler* qui a gagné le Grand Prix du livre de Montréal, le prix Ludger-Duvernay et le prix Québec-Paris, et que j'ai rééditée dans sa version la plus achevée[3] à l'Hexagone en 2001. On y retrouve notamment ses fameux cantouques, dont le *Cantouque menteur* qui commence ainsi :

---

3. Cette édition fut établie par André Gervais.

Les Louis Riel du dimanche
les décapités de salon
les pendus de fin de semaine
les martyrs du café du coin
les révolutavernes
et les molsonnutionnaires
mes frères mes pareil

Ou encore, le *Cantouque sans recours*, manifestement adressé à sa compagne-chanteuse Pauline Julien :

Comment pourrais-je coucher avec toi
m'allonger du long de ton flanc doux
t'embrasser les seins te mordiller les tétins
si je n'étais indépendantiste ô mon amour

Il est, de tous les poètes que j'ai mentionnés jusqu'à présent – à l'exception bien sûr de Gaston Miron –, celui que j'ai le mieux connu. Il fut l'éditeur, chez Parti pris qu'il a fondé et dirigé jusqu'en 1977, de mes deux premiers livres[4]. J'ai encore en mémoire le grand bureau incroyablement encombré de volumes et de manuscrits où l'on peinait à trouver une place pour s'asseoir et où il me reçut pour la première fois en 1976 dans la maison qu'il habitait alors au square Saint-Louis. Nous eûmes souvent l'occasion de nous voir et de nous parler au cours des années suivantes, mais je garde surtout le souvenir de longues discussions politiques menées lors de voyages en train entre Montréal et Québec que nous fîmes ensemble au cours des années 1980. Député de Mercier, il s'en allait

---

4. *Chansons d'icitte* (1977), *Prenons la parole* (1978).

régulièrement retrouver son siège à l'Assemblée nationale. Directeur des communications de la CEQ, je m'en allais chaque semaine rejoindre la moitié de mon équipe installée dans cette ville. Quand la conversation se tarissait entre nous, il sortait un cahier de notes et profitait de la précieuse accalmie que représentaient ces parcours ferroviaires dans sa vie trop remplie pour travailler tranquillement à l'un ou l'autre de ses poèmes.

Je le vis pour la dernière fois un soir d'hiver dans la rue Saint-Denis. Ce devait être en 1993. Il sortait du cinéma où il était allé assister à une représentation du film *Le Chêne* de Lucian Pintilie, ce remarquable cinéaste roumain exilé en France sous la dictature de Ceausescu. Godin considérait ce film comme un chef-d'œuvre et il m'en parla avec un enthousiasme communicatif. Sa voix pourtant était étrangement faible, son visage semblait las et il marchait péniblement. Je le regardai avec tristesse s'éloigner seul dans la nuit.

* * *

En 1947, un tout jeune homme de dix-sept ans, à peine arrivé à Montréal de son Lac Saint-Jean natal, écrivit en trois mois une des grandes œuvres de notre littérature nationale qui se termine par ces strophes :

> Mais la corrosion n'atteindra jamais
> mon royaume de fer
> où les mains sont tellement sèches
> qu'elles perdent leurs feuilles
> Les faïences éclatent de rire dans le stuc
> le ciel de glace

le soleil multiple qui n'apparaît plus
Frères et sœurs
mes milliers d'astres durs

Ce chef-d'œuvre, c'est *Le vierge incendié*, que les éditions Mithra-Mythe[5] publièrent en 1948 sur l'insistance d'un Claude Gauvreau enthousiaste, qui jugeait le manuscrit « extraordinaire », « splendide », « bouleversant ». Son auteur, que Miron tenait pour le plus grand poète vivant du Québec et pour l'un des plus importants poètes de langue française de notre temps, c'est Paul-Marie Lapointe, que je rencontrai pour la première fois à l'occasion de la réédition de cet ouvrage chez Typo en 1998.

Presque septuagénaire, il avait alors pris sa retraite après une grande carrière de journaliste au cours de laquelle il avait notamment été rédacteur en chef du magazine *Maclean* et directeur de la programmation de la radio de Radio-Canada. Mais il poursuivait son œuvre de poète, qui lui a valu avec le temps tous les honneurs : prix du Gouverneur général, prix Athanase-David, prix Gilles-Corbeil, prix de l'International Poetry Forum, prix Léopold-Sédar-Senghor. Ses poèmes, dont certains ont été traduits en anglais, en espagnol, en hébreu, en hongrois, en italien, en portugais, en roumain et en ukrainien, avaient été rassemblés dans *Le réel absolu*[6] et dans le monumental *écRiturEs*[7].

---

5. Fondée par le photographe Maurice Perron, cette maison à l'existence aussi glorieuse qu'éphémère s'est également illustrée en éditant le manifeste *Refus global*.
6. L'Hexagone, 1971.
7. L'Obsidienne, 1980.

Je publiai à l'Hexagone deux nouveaux livres de lui, *Le sacre* en 1998 et *Espèces fragiles* en 2002, et surtout j'y éditai en 2004 sous le titre *L'espace de vivre*, avec le concours actif de Gilles Cyr, l'intégrale de ses poèmes écrits entre 1968 et 2002[8]. Je ressentis toujours un plaisir tranquille à collaborer avec cet homme calme et serein, sans prétention aucune, aux yeux intelligents et souvent rieurs, dont l'œuvre entière, qui explore dans l'affranchissement et l'audace formes et sujets, est un fulgurant plaidoyer en faveur de l'absolue liberté de parole du poète dont « la moralité, a-t-il écrit[9], réside dans cette quête individuelle, à travers les mots, le langage, d'une *liberté d'être*, qui pourrait figurer celle de chacun des habitants de la planète ».

* * *

Un autre des poètes de la première génération de l'Hexagone que j'ai eu l'honneur d'éditer est Fernand Ouellette dont le parcours littéraire exceptionnel, depuis la publication de son premier recueil à l'Hexagone en 1955, est jalonné d'une quarantaine de titres – parmi lesquels mon préféré est sans contredit *Les heures*[10] - qui lui ont valu nombre de prix littéraires dont les prix Athanase-David, Gilles-Corbeil et Léopold-Sédar-Senghor.

De ce poète intense et mystique, catholique fervent qui a aussi écrit de nombreux essais religieux publiés chez Fides, j'ai édité *Au-delà du passage* en 1997 et surtout, à raison d'un tome par année à compter de 2005, l'imposante

---

8. À l'exception d'*écRiturEs*.
9. *Liberté d'être* dans *L'espace de vivre*, l'Hexagone, 2004.
10. L'Hexagone, 1987.

trilogie composée de 325 poèmes et intitulée *L'inoubliable*, qui marque le cinquième anniversaire de sa vie littéraire. Mais j'ai peu connu cet écrivain, ne l'ayant vraiment côtoyé qu'à l'occasion d'un séjour que nous fîmes ensemble à Paris en juin 2005 pour participer au Marché de la poésie où, grâce aux efforts persévérants de Robbert Fortin, j'avais pu l'inviter afin qu'on y souligne sa contribution à la poésie de langue française et où je pus mesurer le gouffre de nos divergences.

À la fin du Marché, nous partageâmes en effet un repas sur la terrasse du Petit Zinc, rue Guillaume-Apollinaire, avec les poètes Danielle Fournier et Robbert Fortin. Comme le cardinal Joseph Ratzinger venait, quelques semaines plus tôt, d'être élu à la tête de l'Église catholique sous le nom de Benoît XVI, j'étais curieux de connaître l'opinion de Fernand Ouellette sur le nouveau pape de cette Église. Je l'interrogeai donc à ce propos. Il me répondit dans un premier temps, avec une fierté manifeste, qu'il connaissait bien Ratzinger avec qui il entretenait une correspondance depuis plusieurs années et qu'il était ravi de son élection. Je lui demandai alors s'il ne ressentait pas quelque gêne à voir cet homme d'une autre époque, réputé pour son dogmatisme, prendre la direction de son Église. Après tout, ajoutai-je, c'est lui qui a mené la répression contre les prêtres partisans de la « théologie de la libération » en Amérique latine. C'est lui qui a été, depuis des décennies, le fer de lance du combat du Vatican contre la laïcité, contre la prêtrise des femmes, contre le mariage des prêtres, contre l'avortement, contre les droits des homosexuels et même contre l'utilisation du condom, ce qui, dans un contexte de propagation du sida avec son effarant cortège de morts, est proprement criminel. Toutes les orientations professées par celui qu'on a fort justement surnommé le «cardinal de fer» ne témoignent-elles pas de son rigorisme doctrinal rigide? lui demandai-je. À mon grand étonnement, Fernand Ouellette prit clairement et fermement la défense de chacune des idées rétrogrades du nouveau pape. Une vive discussion s'ensuivit. Danielle Fournier et Robbert Fortin, qui, contrairement à moi, étaient pourtant tous deux croyants, avaient peine à en croire leurs oreilles. Pour ma part, à mesure que Ouellette nous révélait l'ampleur de son conservatisme religieux, je perdais peu à peu mon calme. Le ton monta dangereusement. J'eus finalement la sagesse de changer de sujet de conversation avant que la rencontre ne s'envenime trop. Mais celle-ci n'en creusa pas moins, j'en ai bien peur, une certaine distance entre nous.

Je préfère me souvenir du Fernand Ouellette qui eut la fierté, pour protester contre l'occupation du Québec par l'armée canadienne en octobre 1970, de refuser le prix du Gouverneur général. Je préfère me rappeler celui qui a écrit[11] :

> La poussière du soleil,
> auprès de lui,
> tempérait sa mort.
> Il semblait caressé
> une dernière fois
> par la beauté du monde.

* * *

---

11. Dans *Les heures*, l'Hexagone, 1987.

«Ce n'est plus seulement, selon le beau cliché de Pascal, le silence effrayant de ces espaces infinis qui m'effraie, comme ce fut si longtemps le cas. C'est l'opacité de la nuit humaine, malgré les lueurs entrevues, trop frêles, trop rares.» C'est par cette réflexion qui rejoint mon angoisse existentielle la plus profonde que le grand poète Yves Préfontaine conclut son introduction à *Être-Aimer-Tuer*, son avant-dernier livre que j'éditai à l'Hexagone en 2001 – après l'avoir sollicité et patiemment attendu pendant plusieurs années – et qui est à mes yeux une des œuvres poétiques les plus achevées de notre littérature.

Appartenant lui aussi à la grande génération de l'Hexagone, Yves Préfontaine est l'un des poètes majeurs du Québec. Né à Montréal en 1937, longtemps animateur d'émissions radiophoniques où le jazz, la littérature et l'anthropologie se rencontraient, il fut l'un des fondateurs du Rassemblement pour l'indépendance nationale (RIN) et, plus tard, chef de cabinet de Camille Laurin quand celui-ci était ministre d'État au Développement culturel dans le gouvernement Lévesque. À l'exception bien entendu de *Être-Aimer-Tuer*, son œuvre poétique a été rassemblée dans *Parole tenue*, une rétrospective publiée à l'Hexagone en 1990 et saluée par plusieurs prix littéraires dont le prix Québec-Paris et le prix Félix-Antoine-Savard. Je ne doute pas qu'un jour prochain le prix Athanase-David vienne couronner sa contribution à notre littérature.

Bon vivant, toujours immanquablement le dernier à quitter les lancements de livres ou les repas d'auteurs que j'organisais et qu'il fréquentait assidûment, Préfontaine est un personnage attachant et… intarissable. Impossible de lui passer un coup de fil qui ne dure pas au moins une demi-heure et qu'il ne transforme pas en un passionnant, bien que parfois interminable, monologue où défilent au gré de son esprit vagabond souvenirs et réflexions de toute nature. Je commis un jour l'erreur de le placer parmi les premiers dans une lecture collective de poésie au Salon du livre de Montréal. Il prit tellement de temps à présenter chacun de ses textes que les derniers poètes en liste ne purent s'exprimer, le salon fermant ses portes! J'ai, dans un moment de délire, caressé le rêve pervers d'organiser un débat entre Yves Préfontaine et la poète Claudine Bertrand, autre « verbo-motrice » incontinente, pour savoir enfin lequel des deux remporterait le Grand Prix du moulin à paroles...

Mais, au-delà de ce petit travers bien innocent, j'aime Préfontaine. Voilà un poète majeur qui mérite, sans l'ombre d'une hésitation, d'être lu. Sa lucide désespérance exprime, comme peu d'autres écrivains savent le faire, l'humaine tragédie à laquelle il semble bien que nous soyons tous condamnés:

> Ce que je dois dire aux hommes
> habitant cette poussière
> de misère et de beauté,
> ils ne le comprendraient pas.
> (...)
> Et tels qu'ils sont,
> tels qu'ils vont,
> dans les contorsions du désastre
> qu'ils se créent à leur mesure
> *sans pitié froidement,*
> *follement,*

> dans leur délire sanglant ou glacé,
> ce qu'ils ont à me dire
>
> *je ne le comprends pas*[12].

* * *

Le dernier mais non le moindre des poètes de la première génération de l'Hexagone avec qui j'ai eu un réel bonheur de travailler est Michel van Schendel dont je fus l'éditeur jusqu'à son décès survenu le 8 octobre 2005, quelques semaines avant mon départ de la direction du groupe Ville-Marie Littérature.

Je connaissais Michel van Schendel bien avant de le rencontrer, ayant lu ses textes à la fin des années 1960 dans la revue *Socialisme québécois* qu'il dirigeait alors, ayant brièvement vécu à la même époque dans une commune avec l'un de ses fils et surtout, ayant travaillé au magazine *Point de mire* avec sa première compagne, Adèle Lauzon, qui fut mon mentor en journalisme et qui m'avait parlé de lui. Celle-ci, peu de gens s'en souviennent, a été pendant les décennies 1960 et 1970 l'une des grandes journalistes du Québec. Elle fut la première femme affectée aux questions internationales dans un média québécois, en l'occurrence le quotidien *La Presse*. Elle a notamment à son actif la couverture de la guerre d'indépendance de l'Algérie et celle de la révolution cubaine, à l'occasion de laquelle elle réalisa une célèbre entrevue avec Che Guevara lui-même[13]. Avant

---

12. Extrait de *Être-Aimer-Tuer*, l'Hexagone, 2001.
13. Quand j'ai quitté le groupe Ville-Marie Littérature à la fin de 2005, elle mettait la dernière main à une autobiographie que j'entendais éditer. Mon successeur n'ayant malheureusement pas pris la relève, elle la publia finalement chez Boréal.

d'entreprendre cette carrière journalistique, Adèle Lauzon avait fait un séjour d'études à Paris. C'est là, au début des années 1950, qu'elle rencontra et épousa Michel van Schendel, alors jeune et passionné militant du Parti communiste français. En 1952, comme ils vivaient dans un pénible état de précarité et de pauvreté, elle le persuada d'immigrer au Québec, où ils espéraient améliorer leur sort.

Né en France en 1929 de parents belges, van Schendel se retrouva donc, contraint par les circonstances et à son corps défendant, au Québec en pleine période de «grande noirceur». Il connut au début de sérieuses difficultés. En ces années-là, être communiste fermait toutes les portes dans notre société. Pendant longtemps il vivota de petits boulots. En 1955, nul autre qu'Hubert Aquin, alors réalisateur à la radio culturelle de Radio-Canada, lui commanda des chroniques culturelles. À la même époque, il écrivit à l'intention des enfants des contes et des chansons pour la radio[14]. Puis il fut successivement scripteur de films documentaires, journaliste, chroniqueur ou critique à Radio-Canada et dans divers journaux dont *Le Devoir*, le *Nouveau Journal* et *La Presse*, traducteur pour la Commission royale d'enquête sur le bilinguisme et le biculturalisme et j'en passe. Son passage, au début des années 1960, à *La Presse*, où il se distingua en tant que pionnier du journalisme d'enquête dans le domaine financier[15], lui fournit l'occasion de jouer un rôle non négligeable dans la

---

14. Plus tard, il écrira même des textes pour des émissions télévisées, dont *La boîte à surprise*!
15. Certains de ses articles sur des irrégularités commises dans l'octroi de contrats gouvernementaux eurent un impact considérable.

Révolution tranquille. Alors que la grande majorité des journalistes et commentateurs « économiques » se déchaînaient contre le projet de René Lévesque de nationaliser l'électricité, il se porta avec vigueur à la défense de cette idée à tel point que le gouvernement Lesage prit dorénavant l'habitude de le consulter en secret pour mesurer les réactions probables de ses « collègues » avant d'annoncer des politiques économiques. Par la suite, il participa à la fondation de l'Université du Québec à Montréal. Il devint professeur pendant une trentaine d'années au Département d'études littéraires où il fut, soulignons-le, l'un des premiers à enseigner la littérature québécoise. Enfin, impossible de ne pas le mentionner, il milita activement au syndicat des professeurs jusqu'à en assumer la présidence.

Tout en menant avec succès une carrière aussi polyvalente que remarquable, Michel van Schendel – notamment par sa participation à des revues comme *Parti pris*, *Cité libre*, *Liberté* et *Socialisme québécois* – apporta dès les années 1950 une contribution originale et significative à la vie intellectuelle de sa société d'adoption. De surcroît poète et essayiste, il fut accueilli dès 1958 à l'Hexagone par Gaston Miron qui y édita ses *Poèmes de l'Amérique étrangère*. Au début des années 1960, il participa même à la direction littéraire de la maison. Puis d'autres ouvrages suivirent, dont ses *Rebonds critiques I* et *II* en 1992 et 1993.

Je rencontrai Michel van Schendel pour la première fois en 1996 à l'occasion de la publication de son récit *Jousse ou la traversée des Amériques*. Je le revis en 1998 quand nous éditâmes son recueil *Bitumes*. Mais c'est surtout à partir de l'an 2000, alors qu'il avait pris sa retraite de l'UQAM – que nous saluâmes par l'édition d'un livre d'hommage de ses collègues et amis[16] – et qu'il se consacrait entièrement à son œuvre littéraire, que notre collaboration prit de l'ampleur et qu'une réelle complicité, sinon une amitié intime, se développa entre nous. Ce ne fut pas a priori chose aisée car van Schendel, doté d'un esprit critique tranchant comme une lame de rasoir et par conséquent éternel insatisfait, proclamait haut et fort ses incessants mécontentements. Je dus moi-même élever la voix à quelques reprises avant que s'établisse entre nous un climat de respect mutuel et de solide confiance.

Au fil de nos conversations, je finis par comprendre que Michel van Schendel, bien que hautement respecté dans les milieux académiques et intellectuels, ressentait une certaine amertume du fait que son œuvre littéraire, au contraire de celles de ses amis et compagnons de route de l'Hexagone comme Gaston Miron, Roland Giguère et Paul-Marie Lapointe, n'était pas publiquement reconnue à sa juste valeur. À l'exception de sa rétrospective *De l'œil et de l'écoute* qui lui avait valu le prix du Gouverneur général du Canada en 1980, aucun prix important n'était en effet venu saluer sa contribution pourtant notable à la littérature.

Je m'employai donc à corriger cette injustice en éditant en moins de quatre ans cinq de ses ouvrages[17], en le mettant

---

16. *Poésie et politique, Mélanges offerts en hommage à Michel van Schendel*, sous la direction de Paul Chamberland, Michaël La Chance, Georges Leroux et Pierre Ouellet, l'Hexagone, 2001.

17. *Quand demeure* (2002), *Un temps éventuel* (2002), *Choses nues passage* (2004), *L'œil allumé. Contes de la colère triste* (2004) et *Mille pas dans le jardin font aussi le tour du monde* (2005).

en évidence dans les divers salons du livre et marchés de la poésie, en l'associant étroitement aux célébrations du cinquantenaire de l'Hexagone et, à la suggestion et avec le concours de ses amis Rachel Leclerc[18] et Pierre Ouellet, en soumettant sa candidature au prestigieux prix Athanase-David. Nos efforts portèrent fruit. En 2003, son essai-récit *Un temps éventuel* remporta le prix de la revue *Spirale*, de même que le prix Victor-Barbeau de l'Académie des lettres du Québec. La même année, Michel van Schendel obtint le grand prix du Québec en littérature, le prix Athanase-David, pour l'ensemble de son œuvre.

Michel van Schendel me fut reconnaissant de ce soutien et me l'exprima avec une émotion d'autant plus vive qu'il savait que ses heures lui étaient comptées. Miné par la maladie, il ne pourrait mener à terme tous les projets d'écriture qu'il avait en chantier. Peu avant sa mort, je pris publiquement l'engagement, au nom de l'Hexagone, d'assurer la publication de ses livres inédits. Je m'assurai avant mon départ qu'à tout le moins ses poèmes pour enfants devenus grands, *L'oiseau, le Vieux-Port et le charpentier*, de même que ses *Rebonds critiques III* et ses *Écrits politiques*, soient édités en 2006 et 2007 et ils le furent. Je compte sur le sens de l'honneur de mes successeurs pour respecter pour les autres titres la parole donnée.

Je regretterai toujours nos rencontres et nos conversations, ses exigences intellectuelles et littéraires, sa haute conception de l'édition et de la poésie, sa passion et ses emportements, son humour, son élégance, son charme et le bleu mystérieux de ses yeux enfantins.

---

18. Dont j'ai réédité à l'Hexagone en 2003 le si beau *Rabatteurs d'étoiles*.

Regrette
De ne pas être entendu quand tu le cries
Regrette
L'arbre et la feuille
Les mains posées
La fenêtre au vent
Une porte entrebâillée
Regrette
Mains et mondes
Demande encore le défendu[19]

* * *

Je me permets d'ouvrir ici une parenthèse pour saluer un homme remarquable pour qui j'ai la plus grande admiration. Il est de la même génération que les écrivains que je viens d'évoquer. Il n'est pas lui-même poète mais il est si proche des poètes et il leur a fait une telle place dans ses activités artistiques qu'il mérite de siéger dans mon panthéon personnel de la poésie québécoise. Je parle de René Derouin qui est pour moi l'un des plus grands artistes visuels du Québec.

René Derouin, peintre, graveur et sculpteur, est le seul Québécois à s'être vu décerner à la fois le prix Paul-Émile-Borduas, le plus grand prix du Québec en arts visuels, et l'Ordre mexicain de l'aigle aztèque, la plus haute distinction que le gouvernement du Mexique accorde à un étranger. Pour comprendre l'importance de cette dernière reconnaissance, il faut savoir que René Derouin est le premier Québécois et le premier Canadien à

---

19. Tiré de *Un regret* dans *Mille pas dans le jardin font aussi le tour du monde*.

recevoir cet honneur, accordé en un autre temps à André Malraux.

Né à Montréal en 1936, René Derouin vit à Val-David, dans les Laurentides, où il revient après chacun de ses nombreux séjours de recherche à l'étranger. Toute son œuvre – qui a notamment fait l'objet d'expositions au Canada, aux États-Unis, au Mexique, au Venezuela, en Australie, en Corée, au Japon, en Pologne, en Allemagne, en Grande-Bretagne, en Estonie, en Islande et en France – témoigne d'une exceptionnelle démarche artistique, éminemment poétique, centrée sur la quête et la symbiose de nos origines, de nos mémoires et de nos appartenances culturelles. Ami des poètes, René Derouin a créé, en 1995, une fondation et un centre d'exposition en plein air, chez lui à Val-David, consacrés à l'art *in situ* et aux échanges Nord-Sud. Il y organise depuis lors des symposiums qui accueillent des artistes visuels du monde entier et qui, toujours, font une large place aux poètes québécois, invités à lire leurs œuvres dans l'agora Gaston-Miron qu'il a installée au cœur de la forêt laurentienne. Claude Beausoleil, Pierre Morency, Nicole Brossard, Paul-Marie Lapointe, Hélène Dorion, Yves Préfontaine et Pierre Nepveu s'y sont notamment succédé comme poètes invités.

J'ai connu René Derouin en 1996 quand, sous la direction littéraire de Jean Royer, nous avons édité à l'Hexagone son livre *Ressac, De Migrations au Largage,* qui raconte la genèse de son installation *Migrations* constituée de 19 000 figurines, depuis son exposition au Museo Rufino Tamayo de Mexico, puis au Musée du Québec, jusqu'à son largage dans le fleuve Saint-Laurent, une des actions symboliques les plus puissantes réalisées par un artiste contemporain. Il m'est depuis lors arrivé, quand « dans ma vie il faisait froid », d'avoir la tentation d'aller rejoindre ces milliers de figurines dans le lit du Majestueux, où elles reposent aux côtés du cinéaste Claude Jutra et de tant d'autres désespérés. Mon association avec Derouin s'est poursuivie au fil des ans, ponctuée par l'édition en 1998 du livre *Paraíso, la dualité du baroque*, le journal d'artiste qui accompagne son œuvre murale monumentale du même nom réalisée pour le Musée de la civilisation du Québec, en 2001 de l'album *Pour une culture du territoire*, produit avec la collaboration de Gilles Lapointe et qui constitue la mémoire de quatre grands symposiums organisés de 1995 à 1999 par la Fondation Derouin, enfin en 2003 de l'ouvrage *En chemin avec René Derouin*, écrit par Manon Regimbald, avec une collaboration de Montserrat Galí Boadella, qui dresse le bilan des cinquante ans de pratique artistique de ce grand créateur.

Au cours de ces années, j'ai eu l'occasion de voir plusieurs de ses expositions, d'assister à certains des symposiums artistiques qu'il organise chaque été à Val-David, de marcher en sa compagnie dans les sentiers du précambrien qu'il a tracés sur ses terres, de développer en somme avec lui une belle complicité[20]. Quand je quittai le groupe Ville-Marie Littérature à la fin de 2005, alors que certains auteurs que je croyais être des amis ne prirent même pas la peine de me donner un coup de fil – sinon pour me remercier des dix années de travail que j'avais consacrées

---

20. Cette complicité nous mènera à réaliser ensemble chez Fides, en 2007, le livre *Les cent plus beaux poèmes québécois* et, en 2009, un beau livre sur l'ensemble de son œuvre.

à leur œuvre littéraire, du moins pour me souhaiter bon vent –, René Derouin, dans un geste qui m'alla droit au cœur, m'offrit une de ses gravures.

René et moi partageons, entre autres choses, un beau rêve tout simple et pourtant éminemment révolutionnaire : que les Québécois se décident enfin à habiter de leur culture le territoire qu'ils occupent depuis quatre siècles, qu'ils ornent les forêts de leurs sculptures, qu'ils gravent les murs des villes et des villages des mots de leurs poètes...

* * *

Outre les poètes de la première génération de l'Hexagone, j'ai eu le privilège d'éditer des dizaines de poètes de toutes les générations. Je ne peux bien entendu écrire sur chacun d'entre eux.

L'Hexagone n'a jamais été au cours de son histoire une « école » au sens littéraire du terme. Dès le point de départ, Miron a voulu que la maison soit ouverte aux voix multiples de la poésie. On chercherait en vain une parenté de style et d'approche au sein de la grande famille des poètes de l'Hexagone, pour ne citer qu'un exemple entre le surréaliste Giguère et le mystique Ouellette. Quels que soient mes goûts personnels, j'ai voulu inscrire mon action éditoriale dans cette ligne de conduite, favorisant le pluralisme, l'éclectisme même, l'ouverture sans préjugés à la riche diversité des expressions poétiques.

Bien sûr, certains poètes rejoignent plus spécifiquement ma sensibilité propre et j'avais un plaisir singulier à les éditer sans, par ailleurs, que nous développions pour autant des liens d'amitié. Je pense, entre autres, à une Martine

L'irremplaçable voix des poètes • 111

Audet qui est, à mon avis, une des voix les plus puissantes et les plus originales de la jeune poésie québécoise, à un Philippe Haeck dont l'écriture intimiste reflète avec authenticité la solitude qu'il cultive comme une fleur précieuse en se tenant loin des mondanités littéraires qu'il abhorre, à un Paul Chamberland qui, dans sa poésie comme dans ses essais, prophétise la nouvelle barbarie qui s'impose peu à peu aux êtres humains et qui m'angoisse tellement.

Il est d'autres poètes avec qui, par suite d'une longue collaboration, d'affinités particulières ou des hasards de la vie, j'ai développé des liens plus profonds qui m'ont été très chers, même si ces liens, pour des raisons diverses, se sont distendus.

Je songe ici à Danielle Fournier dont j'ai édité deux livres majeurs : *Poèmes perdus en Hongrie* en 2002 et *Il n'y a rien d'intact dans ma chair* en 2004, et qui m'a tellement soutenu dans mes efforts pour assurer une présence de l'Hexagone dans les manifestations poétiques en France. Le temps d'un week-end, je jouai avec plaisir et humour le rôle de son prétendu « fiancé parisien » pour la protéger d'une ancienne flamme qui refusait de s'éteindre. Jamais je n'oublierai cette longue et douce promenade, un dimanche printanier à Paris, où Danielle me fit découvrir le canal Saint-Martin.

Je songe à Karen Ricard. Je n'ai édité qu'un seul ouvrage de cette femme dérangeante et remarquable, *Suite pour fantômes* en 2002, mais quel livre ! Karen est sans contredit une des femmes les plus lucides, les plus sensibles, mais aussi les plus angoissées, que j'ai croisées dans ma vie. Je regretterai toujours la rare qualité de nos rencontres.

Je songe enfin à Madeleine Gagnon, cette grande poète dont j'ai édité cinq livres[21] en une décennie, que j'ai soutenue de toutes les manières possibles, notamment pour qu'elle obtienne enfin le prix Athanase-David en 2002, et pour qui j'ai toujours éprouvé une grande affection. Comment pourrais-je ne pas me souvenir de cette étonnante soirée de fête à la brasserie Vaghenende à Saint-Germain-des-prés, l'année où le Québec était l'invité d'honneur du Salon du livre de Paris, où Madeleine stupéfia la foule présente, qui ne manqua pas de l'applaudir chaudement, en interprétant a cappella quelques-uns des classiques du répertoire country gaspésien ? Car Madeleine Gagnon, née dans la vallée de la Matapédia[22], est toujours restée attachée à ses racines gaspésiennes, ce qui ne l'empêche nullement d'être à l'écoute du chant universel de la terre :

> tous les espaces m'habitent
> l'oreille n'a pas de frontières
> Au nord du quarante-neuvième parallèle
> sur la plus haute falaise de grès sédimenté,
> j'entends le chant de la terre[23]

* * *

J'ai déjà beaucoup parlé de Robbert Fortin dans ce livre. Ce n'est pas le fruit du hasard. De tous les collaborateurs que j'ai eus comme éditeur de poésie, il a été à mes yeux

---

21. *Le deuil du soleil*, *Rêve de pierre*, *Les femmes et la guerre*, *Le chant de la terre* et *Je m'appelle Bosnia*.
22. La bibliothèque municipale de la ville d'Amqui porte d'ailleurs son nom.
23. Tiré de *À l'ombre des mots*, l'Hexagone, 2007.

le plus compétent et le plus passionné. Je le tenais pour un véritable ami et mon frère en poésie.

Du jour où je l'ai nommé directeur de la collection « L'appel des mots », il s'est consacré à cette responsabilité avec un attachement émouvant à la tradition et aux valeurs de l'Hexagone, une énergie et un dévouement hors du commun, un respect des auteurs attachés à la vieille maison et une ouverture remarquable et généreuse aux jeunes poètes. Au début, il me fallut même calmer un peu ses ardeurs : à chaque auteur dont nous refusions le manuscrit, il écrivait de longues lettres explicatives, manifestement disposé à polémiquer avec chacun d'entre eux. Je le convainquis que nous avions plus urgent à faire.

J'ai raconté dans un précédent chapitre son immense contribution à la relance de l'Hexagone et le rôle qu'il a joué dans la promotion de la poésie québécoise. Pendant plusieurs années, il fut mon véritable bras droit à l'Hexagone. C'est grâce à lui que j'ai pu connaître et éditer des poètes aussi talentueux et passionnés que Danny Plourde, Tony Tremblay et Fernand Durepos, pour ne nommer que quelques-uns de ses amis. J'ai vivement regretté que mon successeur à la direction du groupe Ville-Marie Littérature ne le désigne pas, pour me remplacer, au poste de directeur littéraire de la maison. Malgré son caractère intransigeant, il aurait sans nul doute été le mieux à même d'en incarner l'esprit et d'assumer ma succession. Heureusement, notre amitié survécut à mon départ. Nous continuâmes à nous voir et à nous parler régulièrement jusqu'au jour de son décès, le 14 avril 2008.

Si j'aimais cet homme généreux et bon vivant, j'appréciais aussi le peintre et le poète Robbert Fortin. J'ai publié trois livres de lui à l'Hexagone, *L'aube aux balles vertes* en 2000, *Les nouveaux poètes d'Amérique* en 2002, *La lenteur, l'éclair* en 2003 et j'ai préparé l'édition d'un quatrième ouvrage, *Les dés de chagrin*, qui a paru en 2006. Peu de poètes savent aussi bien que lui le savait rendre sur une scène la tragique beauté de la poésie. Rappelons-nous quand, de sa voix puissante et remplie d'émotion, il récitait ses textes. Rappelons-nous et laissons couler nos larmes :

> la terre n'a pas demandé à naître
> ni la beauté à mourir sous nos yeux
> tous les Dachau four après four
> brûlent ce qui reste en nous d'humain
> le cœur s'égoutte sur ses cendres[24]

* * *

La dernière et non la moindre irremplaçable voix poétique que je veux évoquer maintenant est celle d'Hélène Dorion, avec qui j'ai développé au cours du temps une rare et belle amitié et qui m'est très chère.

Rien pourtant ne nous prédestinait à nous rapprocher. Le milieu de la poésie, étrangement, est un des milieux les plus durs et mesquins que j'ai eu l'occasion de fréquenter dans ma vie. On s'y jalouse et s'y vilipende avec une hargne peu commune. Bien plus en tous cas que chez les romanciers, les dramaturges ou les essayistes. Cela doit être inversement proportionnel au nombre de livres que l'on vend et au public que l'on rejoint ! Or, Hélène Dorion a été pendant une décennie éditrice du Noroît,

---

24. Tiré de *Les nouveaux poètes d'Amérique*, l'Hexagone, 2002.

maison « concurrente » de l'Hexagone, de sorte que j'entendais parler d'elle essentiellement par des poètes avec qui elle avait eu des démêlés comme éditrice et qui, évidemment, en disaient surtout du mal. Heureusement, éditeur moi-même, je faisais la part des choses et prenais avec une montagne de grains de sel ces commentaires et jugements peu amènes. En réalité, avant même de connaître cette femme, je l'admirais au contraire pour ce qu'elle avait accompli dans l'édition littéraire et, ayant eu qui plus est le bonheur de lire certains de ses recueils, j'appréciais au plus haut point son œuvre poétique.

Aussi, un jour où je l'aperçus lors d'un cocktail offert par le consul de France à l'occasion d'un Salon du livre de Montréal, je me présentai tout simplement à elle. Notre premier contact fut chaleureux. Nous convînmes de nous revoir en tête-à-tête. Je venais de découvrir une sorte d'alter ego féminin avec qui je pourrais discuter en toute franchise de tout et de rien, mais surtout bien sûr de littérature, d'édition et de culture. S'amorça alors une relation comme j'en ai fort peu connu dans ma vie, ponctuée de constants échanges épistolaires – vive Internet ! – et de plus rares rencontres amicales, toujours caractérisée par une exceptionnelle complicité intellectuelle et une réelle tendresse réciproque que le passage du temps ne fait que renforcer et approfondir.

En 2001, Hélène me fit le grand plaisir d'accepter ma proposition d'éditer dans Typo une anthologie de sa poésie. Préparée et présentée par Pierre Nepveu, cette anthologie parut au printemps 2002 sous le titre *D'argile et de souffle*. Mieux encore, je la persuadai en 2005 de rassembler l'intégrale de son œuvre poétique écrite de

1983 à 2000 dans la collection « Rétrospectives » à l'Hexagone. Publié en 2006, quelques mois après mon départ de la direction du groupe, ce livre monumental – 808 pages ! –, intitulé *Mondes fragiles, choses frêles*, est sans contredit un des plus beaux fleurons de cette prestigieuse collection.

Je n'étais pas peu fier d'avoir enrichi le fonds littéraire déjà exceptionnel de notre grande maison d'édition de poésie de l'œuvre magistrale de l'une des plus grandes poètes québécoises contemporaines, traduite et publiée dans une quinzaine de pays, lauréate des prix littéraires les plus prestigieux et remarquable ambassadrice de nos lettres dans le monde. Hélène Dorion prenait ainsi sa place – plus que méritée – parmi les grands poètes de l'Hexagone, elle qui a notamment écrit avec une si singulière et si émouvante sensibilité :

> Aurons-nous le temps d'aller très loin
> de traverser les carrefours, les mers, les nuages
> d'habiter ce monde qui va parmi nos pas
> d'un infini secret à l'autre, pourrons-nous écouter
> le remuement des corps à travers le sable ;
> aurons-nous le temps
> de tout nous dire et d'arrêter d'être effrayés
> par nos tendresses, nos chutes communes...[25]

---

25. Tiré de *Mondes fragiles, choses frêles*, l'Hexagone, 2006.

La vie devrait être un roman

Bien que ce ne soit pas toujours apparent à première vue, les romancières et les romanciers n'habitent pas vraiment la même planète que nous, pauvres lecteurs, monotones et rabat-joie éditeurs, soumis aux aléas du réel. Comme ils passent la plus grande partie de leur temps dans des mondes imaginaires dont ils sont les créateurs omniscients et omnipotents, leur rapport à la vie s'en trouve subtilement mais profondément modifié. Qu'ils en aient ou non conscience et pour notre plus grand bonheur, ces êtres de fiction ont pour la plupart tendance à romancer leur propre vie, parfois même la nôtre, à transformer ainsi au gré de leur fantaisie la trop souvent triste et banale réalité.

Cela fait d'eux des interlocuteurs généralement passionnants. Cela a toujours été l'une des grandes joies de ma vie d'éditeur que de côtoyer, écouter et accompagner certains d'entre eux.

* * *

Gilbert Dupuis est l'un des tout premiers romanciers que j'ai édités. Auteur de plus de vingt-cinq textes dramatiques écrits notamment pour le Théâtre de Quartier, lauréat du prix du Gouverneur général du Canada en 1991 pour sa pièce *Mon oncle Marcel qui vague vague près du métro Berri*[1], il me proposa dès mon arrivée à la direction du groupe Ville-Marie Littérature un roman d'une rare originalité que je publiai chez VLB éditeur en 1996 sous le titre *L'étoile noire*, du nom d'une huile sur toile réalisée en 1957 par Paul-Émile Borduas. Il s'agissait du premier volet d'une trilogie extraordinaire qui comprend aussi *Les cendres de Correlieu*, publié en 1998, et *La chambre morte*, qui a paru en 2001.

Cette trilogie romanesque est vraiment une œuvre unique dans notre littérature. Audacieuse, iconoclaste et drôle, véritable thriller culturel, composée de trois romans foisonnant de personnages fictifs ou bien réels – dont les signataires du *Refus global* qui y jouent un rôle déterminant –, développant une intrigue des mieux construites, cette saga pleine de péripéties et de rebondissements se double d'une quête du récit fondateur et d'une remarquable plaidoirie contre la censure et en faveur de la liberté créative. C'est toute l'histoire contemporaine du Québec qui y est revisitée avec une érudition exemplaire et une imagination presque délirante. Accueillie avec enthousiasme par la critique, la trilogie ne rejoignit pas, à mon immense regret, un très grand public lecteur.

Le hasard fit que je devais me rendre à Paris, où Gilbert Dupuis occupait pour six mois le studio du Québec alors

---

1. L'Hexagone, 1990.

situé boulevard Raspail dans Saint-Germain-des-prés, quand *L'étoile noire* sortit des presses en novembre 1996. Je mis donc quelques exemplaires du livre dans mes bagages et, dès mon arrivée dans la Ville des Lettres, je lui passai un coup de fil. Fort étonné de mon appel et ne se doutant pas de la raison de ma visite, il me donna rendez-vous au Café de la Mairie, que j'aurais souvent l'occasion de fréquenter dans les années suivantes puisqu'il est situé Place Saint-Sulpice, où s'est déroulé pendant longtemps, chaque mois de juin, le grand Marché francophone de la poésie. C'est dans ce café, me raconta-t-il, qu'il venait chaque jour s'installer de longues heures pour écrire le second tome de sa trilogie romanesque. Quelle joie ce fut pour moi de lui remettre en mains propres son premier roman et de lire alors sur son visage la grande émotion qui s'empara de lui!

Je fis ensuite une longue promenade dans les rues de Paris avec ce magnifique rêveur que j'aime particulièrement. Nous n'étions pas seuls, ce jour-là. Les automatistes – qui inspirent l'œuvre littéraire de Gilbert Dupuis et dont il me parla longuement avec une passion émouvante – marchaient à nos côtés et nous réchauffaient le cœur de leur présence.

* * *

Dany Laferrière est aussi sans contredit l'un de ces romanciers que j'ai édités avec qui j'ai eu des rencontres et des discussions parmi les plus passionnantes. Dans les premiers temps pourtant, ce ne fut pas évident de nouer une relation avec lui. Il avait en effet décidé de rester fidèle à son premier éditeur, Jacques Lanctôt, quand celui-ci lança une nouvelle maison d'édition après avoir quitté le groupe Ville-Marie Littérature à la fin de 1995. Il m'annonça donc son départ de VLB éditeur. Jeune journaliste haïtien actif dans la lutte contre la dictature de Jean-Claude Duvalier, Laferrière s'est réfugié au Québec en 1976 pour échapper aux menaces de mort qui pesaient sur lui. Après quelques années de bohème, il a entrepris, en 1985, la publication d'une œuvre romanesque originale avec la complicité et le soutien de Jacques Lanctôt. Je comprenais sa loyauté à son endroit. Je ne m'offusquai pas de ce choix et le lui fis savoir en lui affirmant que je le considérerais toujours comme un auteur de la maison et en prenant l'engagement d'assurer la diffusion et la promotion de ses cinq premiers romans publiés chez VLB éditeur.

Je respectai ma parole en rééditant en livre de poche dans Typo, quand leurs tirages en édition courante furent épuisés, *Eroshima* en 1998, *L'odeur du café* en 1999, *Cette grenade dans la main du jeune Nègre est-elle une arme ou un fruit?* en 2000 et *Comment faire l'amour avec un nègre sans se fatiguer* en 2002. Je l'invitais toujours, par ailleurs, à nos lancements et à nos diverses activités littéraires qu'il se mit à fréquenter de plus en plus assidûment, du moins quand il était à Montréal, car il avait ces années-là déménagé ses pénates à Miami et passait de surcroît une partie de son temps en France, où sa carrière littéraire prenait peu à peu de l'ampleur. Au fil des ans, il finit par me considérer véritablement comme l'un de ses éditeurs et un excellent rapport de confiance s'établit progressivement entre nous.

Aussi, quand il décida en 2002 de réécrire de fond en comble son roman *Cette grenade dans la main du jeune*

Nègre est-elle une arme ou un fruit ?, c'est chez VLB éditeur qu'il le publia. Nous réitérâmes l'expérience avec *Le goût des jeunes filles* en 2004. Puis, en 2005, quand Lanctôt vendit sa maison à Michel Brûlé des Intouchables, Laferrière récupéra à ma suggestion ses droits sur tous ses livres publiés chez Lanctôt éditeur et nous nous entendîmes pour les relancer en les rééditant dans Typo ou chez VLB éditeur, avec l'objectif de les réunir un jour en coffrets sous le titre générique *Une autobiographie américaine*. Nous commençâmes par la publication, la même année, du récit *Je suis fatigué* dans Typo. Toujours en 2005, nous entreprîmes le travail d'édition de son nouveau roman[2].

Entre-temps – résultat des liens de complicité que nous avions tissés entre nous – il accepta aussi de présider le jury du prix Robert-Cliche du premier roman en 2004.

Laferrière est vraiment doué pour la communication publique. Le mode d'expression privilégié des auteurs est, cela va sans dire, l'écriture. Peu d'entre eux sont à l'aise devant les micros et les caméras. Peu d'entre eux manient aisément la parole dans ces circonstances, au grand désespoir des attachées de presse des maisons d'édition littéraire qui se démènent pour leur obtenir des entrevues. Je me souviens, entre autres, d'un romancier de grand talent, René Boulanger, qui a écrit l'un des plus beaux et des plus méconnus romans québécois, *Les feux de Yamachiche*[3], traversé par un souffle épique et baroque

---

2. Ébranlé par l'acquisition du groupe Ville-Marie Littérature par Quebecor et, peut-être, par mon départ de la direction, Laferrière quitta à nouveau VLB éditeur quelques semaines plus tard et alla finalement publier ce roman chez Boréal.
3. VLB éditeur, 1997.

digne des meilleurs romans latino-américains. Invité à une émission matinale de Radio-Canada animée si ma mémoire est bonne par Marie-France Bazzo, il n'avait su répondre à presque toutes les questions, ce jour-là, que par des « Oui », « Non » et « Je ne sais pas » mortels ! Avec Laferrière, c'est tout le contraire. Il n'est jamais à court ni d'explications ni d'anecdotes. Il est notamment intarissable sur le sujet de son enfance et de sa grand-mère. Il a un véritable sens du « showbiz », ce qui explique qu'il soit, avec Michel Tremblay, l'un des rares écrivains québécois que s'arrachent les médias.

Mais dans la vie de tous les jours et contrairement à certaines vedettes médiatiques, il n'est pas homme à se donner continuellement en spectacle, bien que je l'aie vu une fois exécuter une danse érotique dans un restaurant de la rue Saint-Denis ! C'était à l'occasion d'un de ces repas d'auteurs qui suivaient toujours les lancements collectifs de livres que j'organisais chaque saison. Marthe Gonneville, la compagne de Roland Giguère, lui dit à la blague qu'elle rêvait depuis toujours de voir un « beau Noir comme lui » exécuter pour elle une danse érotique. Lui offrant un billet de dix dollars, elle l'invita à relever son défi. Au grand amusement de mes invités, Laferrière empocha l'argent et commença à se déhancher lascivement devant elle en faisant mine d'entreprendre un strip-tease, provoquant bientôt un immense éclat de rire dans le restaurant.

Doté d'une solide intelligence, Laferrière possède une vaste culture littéraire. Il est aussi l'un des très rares écrivains que j'ai rencontrés à connaître les coulisses et à comprendre les rouages de la littérature et du monde du livre. Je me souviens d'une discussion que nous eûmes un jour sur l'édition en France. Son éditeur là-bas, Le serpent à plumes, venait de changer de propriétaire. Le diable était aux vaches dans la maison. Ne s'y sentant plus à l'aise, il devait se résigner à se trouver une nouvelle maison. Ayant reçu plusieurs offres, il voulait connaître mon avis. En discutant avec lui, je me rendis compte rapidement qu'il était tout autant que moi en mesure de porter un jugement éclairé sur les nombreux et divers éditeurs français. Comme je connaissais l'un des éditeurs de Grasset[4], celui-là même avec qui Laferrière serait précisément appelé à travailler s'il acceptait leur proposition, je lui recommandai de joindre les rangs de cette grande maison littéraire, ce qu'il fit en définitive et, je crois bien, sans avoir jamais à le regretter.

Je me souviens également d'une longue conversation que nous eûmes, par un bel après-midi printanier, à propos des prix littéraires, en particulier des grands prix littéraires internationaux. La population en général et, de façon plus étonnante, la plupart des écrivains cultivent tellement d'illusions au sujet de ces prix, que c'était un véritable bonheur pour moi d'en discuter enfin avec quelqu'un d'assez bien informé pour jeter un regard lucide sur le sujet. Prenons le plus prestigieux et le plus lucratif[5] de ces prix, le Nobel de littérature attribué chaque automne, depuis 1901, par les membres de l'Académie

---

4. Il s'agit de Charles Dantzig, auteur notamment d'un monumental et passionnant *Dictionnaire égoïste de la littérature française* publié chez Grasset en 2005.
5. Le prix est accompagné d'une bourse de dix millions de couronnes suédoises, soit environ un million d'euros.

royale de Suède. Quelles sont, croyez-vous, les chances d'un écrivain québécois, quelle que soit la valeur de son œuvre littéraire, de remporter un jour ce prix ? À peu près inexistantes, bien sûr. Du moins tant et aussi longtemps que l'Académie des lettres du Québec, l'Union des écrivaines et des écrivains québécois et l'Association nationale des éditeurs de livres ne s'entendront pas sur une candidature crédible et ne prendront pas les grands moyens – avec l'appui consistant, soutenu et proactif du ministère de la Culture du Québec et du ministère des Affaires extérieures du Canada[6] – pour proposer cette candidature et la soutenir, notamment en assurant la traduction de ses livres majeurs dans les principales langues européennes[7], en organisant des tournées littéraires du candidat en Europe, particulièrement en Suède, en stimulant de toutes les façons possibles sa promotion médiatique dans le monde. Il est en effet exceptionnel de ne pas retrouver, derrière un Prix Nobel, l'affirmation d'une volonté politique d'un pays fier de sa culture et la mise en œuvre d'un effort concerté d'institutions littéraires nationales déterminées[8].

---

6. La proclamation de l'indépendance du Québec et l'installation d'une ambassade québécoise à Stockholm faciliterait considérablement les choses !
7. Et, bien entendu en langue suédoise, si l'on veut que les membres de l'Académie royale de Suède, les seuls habilités à voter, puissent les apprécier à leur juste valeur.
8. Il faut lire à ce sujet les passionnants mémoires, intitulés *Navigation de cabotage*, du grand écrivain brésilien Jorge Amado qui a lui-même remporté certains prix internationaux parmi les plus prestigieux, qui a siégé à des jurys de sélection et qui décrit les mécanismes d'attribution de ces prix.

Laferrière et moi convenions aisément que ce n'est pas demain la veille que le Québec, qui ne manifeste aujourd'hui aucune volonté et ne dégage aucun véritable moyen pour soutenir la présence ne serait-ce que de quelques-uns de ses grands écrivains et ne serait-ce qu'en France, aura son premier Nobel de littérature...

* * *

Un jour du printemps 1997, je reçus par la poste un colis dont la provenance ne manqua pas de m'intriguer. Il arrivait de Tanguay, la prison des femmes de Montréal. Il était accompagné d'une lettre signée par une prisonnière, Marie Gagnon, qui, sur la recommandation du poète Jean-Marc Desgents[9] qu'elle avait rencontré à l'occasion d'une activité culturelle tenue en milieu carcéral, avait décidé de me confier un étonnant manuscrit – douloureuse hésitation entre le journal de prison et le recueil de prose poétique – intitulé *Bienvenue dans mon cauchemar*[10].

Je décidai d'aller de l'avant avec ce projet et j'écrivis à Marie Gagnon pour le lui faire savoir et pour m'informer de la façon dont je pourrais la rencontrer. Il n'y en avait qu'une seule : elle devait m'inscrire sur la liste sélective des personnes autorisées à la visiter en prison et je devais accepter par écrit qu'une enquête soit menée à mon sujet pour déterminer si j'étais un citoyen suffisamment

---

9. Originaire comme moi de Verdun et confrère d'études à l'École secondaire Richard, Jean-Marc Desgents a été, avec le peintre Luc Béland, l'un de mes deux grands amis de jeunesse. Il est l'auteur d'une œuvre poétique importante, publiée pour l'essentiel aux Herbes Rouges et aux Écrits des Forges.
10. VLB éditeur, 1997.

« honnête et fiable » pour bénéficier de ce privilège. Après avoir franchi avec succès ces diverses étapes et avoir subi l'incontournable fouille de circonstance, je me retrouvai donc, quelques semaines plus tard, dans une salle de visite plutôt déprimante, derrière bien sûr une vitre blindée, à faire la connaissance de cette belle femme dans la trentaine au parcours hors du commun.

Étudiante en littérature à l'Université du Québec à Montréal, Marie Gagnon était tombée passionnément amoureuse de son professeur de philosophie qui, critique radical du monde dans lequel nous vivons, l'avait entraînée sur les sentiers de la révolte absolue contre notre société avec, au bout du chemin, la marginalité la plus totale et les paradis artificiels de l'héroïne. Après la perte de son emploi pour l'un et l'abandon de ses études pour l'autre, le prix d'achat de la poudre blanche étant ce qu'il est, ils durent bientôt se résigner à quitter l'appartement dont ils ne pouvaient plus payer le loyer, puis à vendre l'automobile qui avait accueilli pendant quelque temps leur vie « tout à l'envers ». Errant dans les rues de Montréal, tourmenté par le manque de drogue, le couple rebelle se retrouva bientôt complètement à bout de ressources. C'est alors que Marie Gagnon décida de prendre les choses en main. Munie d'un sac doublé de plomb pour déjouer les mécanismes de surveillance, elle entreprit de dévaliser systématiquement les librairies, s'appropriant certains jours jusqu'à deux mille dollars de livres – pour l'essentiel des beaux livres dispendieux et des titres de la Pléiade – afin de combler leurs besoins toxicomanes. Poursuivant en autodidacte ses études littéraires, elle lisait, entre deux injections, les grandes œuvres de la littérature mondiale

La vie devrait être un roman • 127

avant de les revendre à des bouquinistes complaisants. En quelques années d'intense activité, elle devint la plus grande voleuse de livres de toute l'histoire du Québec, la plus lettrée aussi, avant, bien sûr, de se faire arrêter, condamner, puis incarcérer à Tanguay.

Nous entreprîmes donc, intra muros, la révision de son manuscrit. Je parvins à convaincre la direction de la prison de m'autoriser à travailler en tête-à-tête avec ma nouvelle auteure, une fois par semaine pendant quelques petites heures, dans un local adjacent à la salle de visite. Évidemment, à ce rythme-là, nous n'avancions pas très vite mais nous réussîmes tout de même à franchir cette étape et à mettre le manuscrit en épreuves. Quand vint le moment de réaliser la correction de celles-ci, j'appris tout à coup que mes visites à Marie Gagnon étaient désormais interdites. Présidente de l'association des détenues, elle avait eu une violente altercation avec les autorités de la prison qui, pour la punir, voulaient l'empêcher de publier son livre ! Il me fallut en appeler à la ministre de la Culture, Louise Beaudoin, et au ministre de la Justice, Serge Ménard, pour faire rétablir de peine et de misère mon droit de visite. Mais c'en était fini de nos tête-à-tête et nous dûmes corriger les dernières épreuves à travers la vitre et dans le brouhaha de la salle de visite. Boycotté par plusieurs libraires qui avaient été les victimes de son auteure, *Bienvenue dans mon cauchemar* parut en octobre 1997, le jour même de la sortie de prison de Marie Gagnon.

Deux ans plus tard, toujours chez VLB éditeur, j'éditai de la même auteure *Les héroïnes de Montréal*, un recueil d'une trentaine de courtes nouvelles que je l'avais convaincue d'écrire et qui sont autant de portraits saisissants et incisifs de ces femmes marginales, méconnues et souvent méprisées qui hantent nos vies et nos villes : prostituées, voleuses, droguées, sans-abri, êtres fragiles aux prises avec des passions dévorantes et qui souffrent « d'un trop-plein au cœur », dont Marie Gagnon se fait la voix en exprimant comme nulle autre leur profonde et tragique humanité. En 2002, je publiai ses *Lettres de prison*, pour l'essentiel tirées de la correspondance que nous entretenions, puis en 2004 et 2005, ses deux premiers romans largement autobiographiques, qui révélèrent au public lecteur son indéniable talent d'écrivaine : *Des étoiles jumelles* et *Emma des rues*. Un troisième roman devait suivre mais il n'a malheureusement pas vu le jour au moment d'écrire ces lignes.

L'édition de chacun des livres de Marie Gagnon fut une véritable aventure. Il me fallait d'abord mettre la main sur l'auteure qui disparaissait littéralement pendant des semaines, des mois, parfois même une année entière avant que je ne la retrouve, vivotant de petits boulots, de petits trafics, de petits emprunts, de petits à-valoir, de petits contrats – elle donna même une conférence devant l'Association des libraires sur « l'art du vol en librairie » ! –, échouée dans une chambre de motel le long du boulevard Métropolitain, squatteuse dans l'appartement d'une « Mère Teresa » de passage, réfugiée chez sa sœur à Vancouver, en cure de désintoxication – eh oui, elle avait rechuté – chez son père à Laval, et même – eh oui, elle avait *vraiment* rechuté – en détention à la prison fédérale des femmes de Sainte-Anne-des-Plaines. Il me fallait ensuite trier le vrai du faux dans ses engagements littéraires car, fabulatrice de génie, Marie Gagnon était par-

La vie devrait être un roman • 129

faitement capable, entre deux récits fébriles de ses improbables rencontres avec Karla Homolka – elle aurait voulu la séduire ! – ou « Mom » Boucher – il lui aurait demandé d'écrire son autobiographie ! –, de me décrire, avec force détails convaincants, le contenu d'un manuscrit dont elle n'avait pas rédigé la première ligne. Quand je disposais par miracle d'une version, toujours inachevée, du fameux manuscrit, il me fallait le conserver précieusement jusqu'au jour incertain où elle viendrait le récupérer pour en terminer l'écriture, ayant inévitablement égaré l'original dans ses vagabondages. Le livre finalement publié, c'était toujours les doigts croisés que nous lui programmions des entrevues avec les médias qui en raffolaient, ou des séances de signature dans des salons du livre, ne sachant jamais si elle se présenterait aux rendez-vous.

Marcher dans les rues de Montréal avec Marie Gagnon est l'une des expériences humaines les plus étonnantes, les plus intenses, les plus bouleversantes que l'on puisse vivre. Elle connaît, par leur « petit nom » pourrait-on dire, presque toutes les marginales de la Cité. Chacune, prostituée chancelante au coin d'un boulevard, petite revendeuse de drogue tendue et à l'affût, junkie tremblotante dans la nuit, s'arrête pour la saluer, la serrer dans ses bras, lui donner des nouvelles de cette ville parallèle que les Montréalaises et les Montréalais devinent à peine dans l'agitation quotidienne de leur confort et de leur indifférence. « Savais-tu que Patricia a été assassinée par son mac ? Que Sylvie est morte d'une overdose ? Que Manon est retournée à Tanguay ? Que Johanne a pogné le sida ? » Pour l'avoir côtoyée pendant de longues années mais aussi pour l'avoir vécue «jusqu'au fond de ses os», Marie Gagnon est habitée par toute la misère du monde et vous la raconte avec une telle sensibilité et une telle vérité que Montréal vous apparaît bientôt comme un cimetière peuplé d'innombrables cadavres, encore chauds ou déjà froids, mais inexorablement oubliés de tous, un affreux cimetière où sont naufragés dans le gouffre du cynisme le plus glacial nos rêves brisés de bonheur, de liberté, de solidarité. Et puis tout à coup, au détour d'une rue, d'une petite voix émue, elle vous adresse cette question inattendue qui vous fait soudain jaillir les larmes des yeux : « As-tu remarqué comme les étoiles sont belles ce soir ? »

* * *

Les romanciers, consciemment ou non, sont souvent possédés par une seule grande idée, parfois même une véritable mission littéraire, qui les pousse à réécrire en quelque sorte toujours le même livre. Ainsi, Laferrière nous raconte sans cesse son Amérique, Marie Gagnon ses « sœurs rebelles ». Le projet littéraire de Pauline Gill est quant à lui clairement historique et très nettement féministe. Dotée d'un véritable talent de conteuse, elle veut, à travers ses romans qui rejoignent un large public, faire sortir de l'ombre des Québécoises remarquables et méconnues qui, à diverses époques, ont transgressé – ce qui demandait un courage peu commun – les normes conservatrices qu'on imposait aux femmes et contribué, ce faisant, à l'avancement de leur liberté.

C'est en 1997 que Jean-Yves Soucy me présenta Pauline Gill. Nous étions à la recherche d'une figure de proue pour la collection de romans populaires que nous sou-

La vie devrait être un roman • 131

haitions lancer. Après avoir publié chez Libre Expression son best-seller *Les enfants de Duplessis* en 1991, puis, quelques années plus tard, un premier roman intitulé *Le château retrouvé*, qu'elle estimait avoir été mal soutenu par sa maison d'édition, elle était pour sa part en quête d'un éditeur qui croirait en son potentiel de romancière et serait disposé à déployer de vrais moyens de promotion pour ses livres. Je la persuadai de se joindre à VLB éditeur.

Dès la fin du printemps 1998[11], nous lançâmes *La cordonnière*, qui rejoignit rapidement un important lectorat et qui devint le premier d'une série de quatre romans racontant l'histoire de Victoire Du Sault, première femme à exercer le métier de cordonnière au Québec à la fin du dix-neuvième siècle et dont l'imagination créative – elle conçut des modèles de chaussures que son mari et ses fils fabriquèrent et commercialisèrent avec grand succès – fut à l'origine de la fortune de la célèbre famille Dufresne, à qui Montréal doit quelques-uns de ses plus beaux édifices, notamment le bain public et le marché Maisonneuve, de même bien sûr que le château Dufresne. Au printemps 1999, ayant racheté pour une bouchée de pain les droits sur son premier roman, je le relançai en librairie sous le titre *La jeunesse de la cordonnière*. Il fut suivi, à l'automne 2000, par *Le testament de la cordonnière*, puis, au

---

11. On me disait pourtant qu'il s'agissait d'une très mauvaise période pour publier un roman. Persuadé au contraire que les gens aiment bien se procurer un bon gros bouquin pour les accompagner dans leurs vacances estivales, j'ai défié pendant dix ans cette idée préconçue en lançant avec succès chaque fin de printemps un grand roman populaire.

printemps 2003[12], par *Les fils de la cordonnière*. Chacun de ses romans fut un succès commercial. La quadrilogie, également rassemblée en coffret et reprise en édition club par Québec Loisirs, dépassa finalement les cent mille exemplaires vendus, ce qui est vraiment exceptionnel au Québec. Qui plus est, un important producteur de films s'intéressa à cette histoire et nous versa pendant plusieurs années des sommes assez rondelettes afin de se réserver les droits d'en faire un film ou une série télé. Malheureusement, le projet ne vit pas le jour.

Sans être amicales, mes relations avec Pauline Gill furent toujours cordiales, empreintes de simplicité et de sincérité. J'admirais la détermination qu'elle manifestait dans la poursuite de son projet romanesque et la soutenais dans toute la mesure de nos moyens. Même quand d'autres romancières et romanciers « grand public » se joignirent à notre maison et y connurent des succès commerciaux aussi importants sinon supérieurs, je conservai toujours à cette auteure, qui fut parmi les premières à me faire confiance, une place prépondérante dans nos activités collectives et dans notre promotion. Quand je quittai la direction du groupe Ville-Marie à la fin de 2005, nous étions à préparer le lancement d'une seconde saga historique, portant sur une autre héroïne méconnue de notre histoire – Irma Levasseur, première Québécoise à exercer la médecine, fondatrice des hôpitaux Sainte-Justine à Montréal et Enfant-Jésus à Québec, morte dans l'ano-

---

12. Entre-temps, à l'automne 2002, j'ai également édité de Pauline Gill un court roman sur un tout autre sujet intitulé *Et pourtant elle chantait*.

nymat le plus complet –, qu'elle irait finalement publier chez Québec Amérique.

Depuis bientôt deux décennies, Pauline Gill se consacre à l'écriture après avoir fait carrière dans l'enseignement et élevé sa famille. Elle est un des très rares écrivains du Québec à vivre de sa plume. Son succès bien mérité repose en bonne partie, je crois, sur sa générosité exceptionnelle envers son public lecteur. Alors que tant d'autres écrivains se refusent à «porter» leurs livres et se réfugient paresseusement dans la posture du plaignant, laissant entièrement à leur éditeur la responsabilité et le soin d'en assurer une promotion toujours insuffisante à leurs yeux, non seulement Pauline Gill ne refuse-t-elle aucune occasion de faire connaître son œuvre romanesque, mais elle les provoque et les sollicite au besoin. Elle n'hésite pas, souvent plusieurs fois par semaine, à faire des déplacements, parfois de centaines de kilomètres, pour aller rencontrer quelques dizaines de lectrices et de lecteurs réunis dans une bibliothèque municipale, une librairie ou un club de lecture. Quand elle est invitée dans un salon du livre, fût-ce au fin fond de l'Abitibi, elle ne rechigne pas. Et elle ne s'y présente pas qu'aux seules séances de signature, mais s'y rend disponible de l'ouverture à la fermeture. C'est ainsi qu'elle s'est acquis un lectorat aussi considérable que fidèle.

* * *

Pionnière du roman grand public chez VLB éditeur, Pauline Gill fut bientôt rejointe – le succès appelant le succès – par d'autres romanciers et romancières qui nous «pondirent» année après année de bienvenus best-sellers.

L'une de ces romancières était Fabienne Cliff. Son premier manuscrit nous arriva de Londres, par la poste, passant par les Éditions de l'Homme qui, ne publiant pas de romans, nous le transmirent. Volumineux – huit ou neuf cents pages si ma mémoire est bonne –, touffu, écrit dans un français approximatif, il racontait cependant une histoire extraordinaire : celle d'une jeune femme qui découvre qu'elle est le « fruit » d'un amour clandestin entre une Québécoise et le duc de Windsor! Révisée par les soins de Jean-Yves Soucy et découpée en trois tomes que j'éditai entre 2000 et 2002 sous le titre générique *Le royaume de mon père*[13], cette saga est un véritable conte de fée moderne.

Son auteure est un personnage tout aussi extraordinaire et improbable que l'histoire qu'elle a imaginée. Née à New Richmond en Gaspésie, infirmière de formation, Fabienne Cliff a effectué dans sa jeunesse – on parle ici des années 1950 – un voyage sur la Côte d'Azur, où elle a rencontré et marié un riche écrivain anglais avec qui elle est allée faire sa vie à Londres. Après le décès de celui-ci – amateur de belles voitures et de vitesse, il périt dans un accident de la route –, elle épousa en secondes noces un sympathique directeur de grands hôtels avec qui elle parcourait le monde. À soixante-dix ans bien sonnés, elle décida, peut-être par snobisme, de devenir écrivaine.

Je m'amusais à donner du *Milady* et à faire le baise-main à cette Gaspésienne d'origine modeste devenue grande bourgeoise et plus *British* que la reine d'Angleterre elle-même. Elle m'appelait *My Lord* et, à chaque parution d'un

---

13. De Fabienne Cliff, j'ai également publié *Kiki* en 2003 et *Le nid du faucon* en 2005.

La vie devrait être un roman • 135

nouveau titre, son mari et elle me recevaient avec mon équipe – bien entendu au champagne et aux petits fours – dans un club privé de Montréal dont ils étaient membres, ou encore dans le chic *penthouse* qu'ils occupaient quelques mois par année quand ils n'étaient pas dans leur résidence londonienne, partis faire du ski dans une station des Pyrénées où ils disposaient d'un condo, ou envolés vers quelque destination touristique « haut de gamme ». Elle tenait son rôle à merveille et je l'aimais bien.

En réalité, j'aimais vraiment ces auteures à l'imagination débordante, ces inépuisables conteuses d'histoires que je prenais grand plaisir à faire découvrir à des dizaines de milliers de lectrices et de lecteurs. Si certaines se jalousaient parfois entre elles, surveillant avec vigilance mon sens de l'équité – notamment dans l'établissement des budgets de promotion et dans la répartition du temps de travail des attachées de presse –, elles étaient, je crois, dans l'ensemble plutôt fières d'appartenir à cette remarquable équipe de romancières « grand public » que nous avions rassemblée chez VLB éditeur.

Outre Pauline Gill et Fabienne Cliff, je pense à Mylène Gilbert-Dumas, lauréate du prix Robert-Cliche, que je voyais peu car elle résida longtemps à Québec avant de retourner vivre dans sa ville natale de Sherbrooke, femme toujours calme, discrète et souriante, dotée d'un talent littéraire hors du commun et d'un professionnalisme reposant, qui nous donna cette superbe saga historique intitulée *Les dames de Beauchêne*, où elle nous fait revivre « comme si nous y étions » la vie en Nouvelle-France au lendemain de la Conquête. Je pense aussi à Nadine Grelet, un peu râleuse comme le sont souvent les Françaises et d'une pratique difficile dans la révision et la correction de ses manuscrits, mais qui, psychothérapeute de formation, savait passionner ses lectrices et ses lecteurs avec les héroïnes complexes qui peuplent ses romans, en particulier dans sa trilogie *La fille du Cardinal*. Je pense encore à Marie-Paule Villeneuve, originaire du Lac Saint-Jean, diplômée en histoire et en philosophie, journaliste compétente et sérieuse qui gardait constamment ses distances – elle était la seule à toujours me vouvoyer et me « monsieuriser » –, et qui, dans ses deux splendides romans sociaux, *L'enfant cigarier* et *Les demoiselles aux allumettes*, dresse un portrait captivant de l'ère du capitalisme sauvage et des débuts du mouvement syndical. Je pense également à Lucie Dufresne, auteure d'une thèse de doctorat sur les Mayas et spécialiste de cette civilisation précolombienne, qui nous offrit *L'homme-ouragan*, grand roman érudit qui retrace l'histoire de Quetzalcoatl, cet être mythique qui apparut au Mexique vers l'an 1000. Nous fîmes, elle et moi, un inoubliable séjour à Guadalajara en 2003, quand le Québec a été l'invité d'honneur de la *Feria Internacional del Libro* qui se tient chaque année dans ce haut lieu culturel et intellectuel du Mexique. Maîtrisant à la perfection la langue espagnole, elle eut l'amabilité de me servir d'interprète lors des innombrables rencontres que je tins avec les éditeurs hispanophones présents. Nous eûmes de surcroît le bonheur de partager ensemble la découverte des beautés et de la douceur de vivre de cette ville.

Je pense enfin, bien sûr, à Diane Lacombe, originaire de Trois-Rivières, journaliste à la pige et conseillère en communications, qui, à l'occasion d'un congé sans solde qu'elle s'octroya en l'an 2000, entreprit, simplement pour

La vie devrait être un roman • 137

s'amuser, d'écrire un roman feuilleton dont elle envoyait quelques pages chaque semaine à ses trois sœurs. En bout de course, elle se retrouva avec un excitant roman d'aventure, *La châtelaine de Mallaig,* dont l'action se déroule dans l'Écosse du Moyen-Âge.

Je publiai ce roman chez VLB éditeur en 2001 et il remporta rapidement un énorme succès commercial. Je convainquis Lyane Blackman, directrice du Club de livres Québec Loisirs – qui commanditait le prix Robert-Cliche du premier roman et avec qui j'avais développé une belle complicité professionnelle –, d'en faire son grand livre du mois et, avec son appui, je persuadai France Loisirs de le diffuser en France. En à peine quelques mois, ils en vendirent plus de cent dix mille exemplaires, ce qui fait de ce livre le deuxième roman québécois contemporain le plus vendu en France après *Le matou* d'Yves Beauchemin. J'éditai par la suite les deux autres volets, tout aussi populaires, de cette trilogie : *Sorcha de Mallaig* en 2003 et *L'Hermine de Mallaig* en 2004.

Les lancements de chacun des livres de Diane Lacombe étaient qui plus est l'occasion de faire un festif voyage dans le temps, l'auteure, belle femme volontaire au port altier, se présentant – de même que son mari, certains membres de leur famille et plusieurs de leurs amis – habillée en costume d'époque, au son bien sûr d'une musique médiévale.

* * *

Tous les romanciers – et plus largement tous les écrivains québécois – rêvent de voir leurs livres diffusés et connaître du succès en France. Cet espoir est légitime et bien compréhensible. Malheureusement, en cette matière, les illusions et les déconvenues sont aussi innombrables que les obstacles. Les éditeurs français ne sont pas fous. Ils savent bien qu'il y a un « marché » pour les écrivains québécois. Mais ils pensent pour la plupart – souvent à juste titre car il n'est pas vrai que tous les livres québécois soient exportables – que ce « marché », c'est d'abord au Québec qu'il se trouve. Misant – c'est de bonne guerre – sur l'irrépressible désir des auteurs québécois d'être diffusés en France, leur promettant à cet égard mer et monde, ils persuadent aisément certains d'entre eux de signer avec leur maison des contrats qui, disons-le, leur accordent des conditions financières souvent inférieures à ce qu'ils obtiendraient d'un éditeur québécois. Leur assurant ensuite une présence symbolique dans quelques librairies françaises, ils vendent l'essentiel du tirage au Québec et engrangent les profits. Les auteurs finissent bien sûr par se rendre compte de l'astuce, ne serait-ce qu'en constatant, à la lecture du rapport annuel de ventes[14], que deux mille huit cents des trois mille exemplaires écoulés l'ont été au Québec! Mais ils ne disent mot car, notre esprit colonisé jouant à plein, leur carrière littéraire au Québec s'en trouve facilitée. En effet, pour certains de nos critiques, membres de jurys de prix ou de bourses, libraires et bibliothécaires, un livre édité à Paris est de ce seul fait nécessairement meilleur qu'un livre publié à Montréal, et son auteur mérite a priori d'être célébré et encouragé!

---

14. Quand ils reçoivent un tel rapport. Dans bien des cas, on leur dira simplement que les ventes ne couvrent pas l'avance versée au moment de la signature du contrat...

Plusieurs maisons françaises ont utilisé cette «ruse». Alors que des livres des romanciers québécois publiés dans ces maisons trônaient dans les vitrines de nos librairies et étaient encensés par nos critiques, il m'est arrivé plusieurs fois, me rendant en France à la même époque, de constater de visu qu'ils étaient complètement ignorés par la presse française et totalement absents des rayons des librairies. Un jour, j'eus l'occasion de déjeuner à Paris avec un ancien directeur commercial de l'une de ces maisons. Se moquant gentiment de la naïveté des Québécois, il reconnut très franchement l'existence de cette pratique, m'avouant même que dans certains cas la maison n'assurait carrément *aucune* diffusion en France, se contentant d'apporter quelques exemplaires du livre au Salon de Paris *quand et seulement si* l'auteur était présent.

Nombre d'écrivains québécois ont eu des démêlés plutôt déplaisants avec leurs éditeurs français. Les mésaventures de Jean Bédard, parmi bien d'autres, me viennent à l'esprit. J'espère que ce romancier et philosophe – que j'apprécie et que j'admire – ne m'en voudra pas de les raconter. En 1999, il nous proposa de publier à l'Hexagone son plus récent roman, passionnant bien qu'un peu difficile d'accès, intitulé *La valse des immortels*. J'acquiesçai avec grand plaisir à sa demande en lui exprimant toutefois mon étonnement. Ne venait-il pas, l'année précédente, d'éditer chez Stock en France son célèbre *Maître Eckhart* unanimement salué par la critique ? Pourquoi ne poursuivait-il pas sa collaboration avec cette maison ? Tout simplement, m'avoua-t-il, parce qu'il n'arrivait à obtenir ni rapport de ventes ni redevances de son «cher» éditeur français. Il ne parvenait même pas à savoir combien d'exemplaires de son livre avaient été vendus en France et combien au Québec. Qui plus est, il y avait eu un changement de garde à la direction de cette maison, de sorte qu'il n'y connaissait plus personne susceptible de s'intéresser à son œuvre. Deux ans plus tard, en 2001, j'éditai aussi son magnifique *Nicolas de Cues*, toujours à l'Hexagone. Malgré de persistants efforts, je fus néanmoins incapable de trouver une maison disposée à publier pour le seul marché français ce livre d'intérêt pourtant universel. Aussi Jean Bédard, en dépit de sa mauvaise expérience passée, s'en alla-t-il proposer son *Comenius ou l'art sacré de l'éducation*, dernier volet de sa trilogie philosophique, à l'éditeur JC Lattès à Paris, qui le publia en 2003. Il y connut fort malheureusement les mêmes déboires que chez Stock. Quelque peu contrit, il revint finalement me proposer son roman suivant, *La femme aux trois déserts*, que je publiai chez VLB éditeur en 2005.

J'ai moi-même goûté à cette amère médecine, notamment quand je me laissai persuader par Jean Charlebois[15], en 1998, de coéditer son très beau roman *L'oiselière* avec la maison française Paroles d'Aube, éditeur de toute confiance, me disait-il. Je ne parvins jamais à me faire rembourser la part des coûts de production que cette maison devait assumer et l'auteur n'arriva pas non plus à percevoir ses redevances sur les quelques centaines d'exemplaires de son livre vendus en France. Heureusement, les éditeurs français ne sont pas tous, loin s'en faut, du même acabit. J'ai réalisé au fil des ans, notamment avec Albin Michel, Anne Carrière

---

15. De ce poète et romancier de l'amour, j'ai aussi publié à l'Hexagone *De moins en moins l'amour de plus en plus* en 1996 et *Chambres de femmes* en 2000.

et Grasset, des coéditions qui se sont déroulées dans un excellent climat de collaboration.

Mais il n'y a pas que certains éditeurs français à miser sur l'éloignement de leurs partenaires étrangers – éditeurs ou auteurs – pour prendre des libertés avec l'honnêteté. Combien d'éditeurs québécois, souhaitant diffuser eux-mêmes leurs ouvrages en France, ne se sont-ils pas fait flouer au cours des dernières décennies par des distributeurs français peu scrupuleux qui leur remettaient des rapports de vente bidon, quand ils ne partaient pas avec la caisse après avoir déclaré faillite ? Combien d'auteurs n'ont-ils pas été les malheureuses victimes de ces aventures ? Je pense, par exemple, à Sylvain Trudel. Mécontent du peu d'efforts que, à son avis, je déployais à assurer la diffusion en France de son roman *Le Souffle de l'harmattan* publié chez Typo, il me demanda en 2002 d'en céder à Brigitte Bouchard, qui venait de fonder la maison Les Allusifs, les droits pour la France[16]. J'acquiesçai à sa demande pour apprendre plus tard que le roman s'était apparemment bien vendu, mais que le premier distributeur retenu avait fait faillite avant de verser le moindre euro !

Le seul véritable succès de diffusion du livre québécois en France, nous le devons au groupe Sogides, qui a ouvert un bureau à Paris – longtemps dirigé par Huguette Laurent –, a investi beaucoup d'argent et de temps et s'est associé à une grande maison de distribution afin de s'implanter sur le marché francophone européen. Ces efforts

---

16. Sous prétexte qu'il s'agissait de « droits internationaux », elle me proposa un contrat rédigé en anglais que je l'obligeai, à son grand déplaisir, à faire traduire en français !

et cette persévérance lui ont permis en bout de course de réaliser en Europe un chiffre d'affaires de plusieurs millions de dollars chaque année dans les créneaux du livre pratique, des ouvrages de psychologie populaire et des beaux livres.

J'ai longtemps cherché à convaincre Pierre Lespérance de consentir les mêmes investissements pour favoriser outre-Atlantique le rayonnement de la littérature québécoise. Mais il s'y refusa toujours, persuadé que le marché français est sursaturé dans le domaine littéraire et que, selon son expression, le risque de « manger sa chemise » s'avère trop élevé. Je dus donc me résigner, pour les romans et les essais qui avaient un potentiel important sur le marché francophone européen, à négocier des cessions de droits avec des maisons d'édition françaises fiables et, pour les autres livres, à me reposer sur les services de diffusion offerts par la sympathique équipe de la Librairie du Québec à Paris.

* * *

Les romanciers, comme la plupart des écrivains, voudraient tous aussi, bien sûr, voir leurs livres traduits et publiés en d'autres langues. Encore là, il y a loin de la coupe aux lèvres.

Même dans le Canada « bilingue », où le Conseil des Arts, au nom d'une littérature dite « nationale », encourage pourtant fortement les traductions entre les deux langues « officielles », les obstacles sont sérieux. En fait, en proportion de la population, beaucoup plus d'écrivains canadiens sont traduits et édités au Québec que d'écrivains québécois ne le sont au Canada.

Deux raisons expliquent cette situation. La première est que, contrairement aux éditeurs québécois qui maîtrisent pour la plupart la langue anglaise et sont de ce fait en mesure de lire eux-mêmes les livres proposés et d'exercer rapidement leur propre jugement sur ceux-ci, la très grande majorité des éditeurs canadiens anglais – notamment ceux de Toronto – sont incapables de lire en français. Ils doivent faire appel à des lectrices et des lecteurs et se fier à leurs avis, ce qui demande temps, argent et confiance qu'ils sont rarement disposés à accorder. La seconde raison, moins avouable – que certains éditeurs canadiens ont pourtant fini par me confesser avec le temps –, est que plusieurs parmi eux sont convaincus que, effet collatéral du *Quebec bashing* qui sévit depuis des décennies au Canada, la seule mention d'un nom d'auteur québécois sur une couverture de livre condamne celui-ci à la mévente ! Il n'est pas facile, dans un tel contexte de méconnaissance et de préjugés, d'assurer le rayonnement de la littérature québécoise dans ce pays.

Qu'en est-il de nos voisins étasuniens ? Disons d'abord que s'il y a bien eu, ici et là, quelques ouvrages publiés à petit tirage par des presses universitaires ou des maisons marginales, je ne connais aucun romancier, aucun auteur québécois, qui soit parvenu à pénétrer réellement ce « marché ». D'abord, en matière de culture comme en bien d'autres domaines, les Étasuniens pratiquent un chauvinisme exaspérant. On sait par exemple que, sauf exception, ils n'apprécient les films étrangers que s'ils ont d'abord fait l'objet d'un *remake* avec des vedettes d'Hollywood. En dehors des cercles intellectuels de New York, Boston, San Francisco et quelques autres centres universitaires, on y lit fort peu de littérature étrangère. Ensuite, l'organisation de l'industrie du livre aux États-Unis est ainsi faite qu'il est pratiquement impossible pour un auteur ou un éditeur étranger de communiquer directement avec une maison d'édition de ce pays. Tout doit passer par des agents littéraires payés à la commission, qui sont littéralement ensevelis sous des montagnes de propositions provenant du monde entier. Combien d'entre eux, croyez-vous, sont disposés à investir temps et argent pour défendre un roman québécois écrit en français par un illustre inconnu dont le nom sonne bizarrement à des oreilles anglophones ? À ce jour, aucun volontaire ne s'est encore manifesté !

Il faudrait minimalement proposer à ces agents une version déjà traduite du livre. Or, cercle vicieux ridicule, pour obtenir une aide à la traduction des organismes fédéraux ou québécois, il faut *d'abord* signer un contrat d'édition avec une maison étrangère. Quel auteur ou quel éditeur québécois dispose, à votre avis, des moyens de payer de sa poche quinze ou vingt mille dollars pour la traduction d'un livre dont les chances de publication aux États-Unis – ou ailleurs dans le monde – ne sont pas assurées et sont a priori fort minces ? Poser la question, c'est y répondre.

Je connais un auteur qui a vraiment essayé de faire publier son livre aux États-Unis. Il s'agit de Richard Hétu. Il avait tout pour réussir. Correspondant de *La Presse* à New York, il y réside depuis de nombreuses années et y dispose de contacts dans tous les milieux. Étant sur place, il était en mesure de faire toutes les démarches et tous les suivis nécessaires. Qui plus est, le livre en question est un excellent roman «grand public», *La route de l'Ouest*[17], racontant l'histoire mythique de la célèbre expédition de Lewis et Clark qui «découvrit[18]» l'Ouest américain, expédition qui constitue un des fondements de la culture américaine. Fort de ses atouts, il prit le risque d'assumer lui-même en bonne partie les coûts de traduction et se lança dans l'aventure, avec le peu de soutien que je pouvais lui apporter. Or, malgré toute sa persévérance, il échoua à intéresser un agent américain à son projet et finit par se résigner à éditer lui-même la version anglaise du livre dont il écoula le tirage – n'ayant de surcroît trouvé aucun distributeur pour le diffuser en librairie – à l'occasion des conférences qu'il donna sur ce sujet un peu partout aux États-Unis.

En fait, disons-le clairement, si on se compare, pour changer de la France, à un pays comme la Corée du Sud qui subventionne largement non seulement la traduction mais l'édition et la promotion dans les principales langues des grands œuvres de ses écrivains, l'appui qu'apportent nos gouvernements au rayonnement de la littérature québécoise dans le monde est scandaleusement inexistant.

Dans ces circonstances, il est presque miraculeux que les éditeurs littéraires du Québec parviennent malgré

---

17. Publié chez VLB éditeur en 2002, le roman fut un best-seller au Québec. Du même auteur, j'ai aussi édité *Lettre ouverte aux anti-Américains* en 2003 et *Rendez-vous à l'Étoile* en 2006.
18. En réalité, ils ont surtout «découvert» que ce territoire avait été découvert quelques millénaires plus tôt par les Amérindiens et redécouvert des décennies auparavant par des voyageurs canadiens-français, qui y résidaient en grand nombre!

tout, année après année, à faire publier à l'étranger un nombre toujours croissant de nos écrivains.

* * *

En une décennie, j'ai édité un si grand nombre de romancières et de romanciers de talent – publiés ou non en France et traduits ou non en d'autres langues – qu'il me faudrait consacrer plusieurs ouvrages à rendre compte de leurs œuvres littéraires et de leurs personnalités.

Pour ne citer que quelques exemples, comment, en peu de lignes, rendre justice à Madeleine Monette, cette grande écrivaine québécoise, new-yorkaise d'adoption, dont je publiai en 1997 le remarquable roman *La femme furieuse*, que je rééditai ensuite à plusieurs reprises? À cause de l'éloignement géographique, nous avions rarement l'occasion de nous rencontrer. Je me souviens cependant d'un grand dîner où je l'avais conviée à l'occasion de la soirée «Le livre en fête[19]». Elle se retrouva assise à la même table que l'ex-premier ministre Jacques Parizeau et l'ex-voleuse Marie Gagnon[20]. Elle dut, j'imagine, être bien étonnée d'entendre celle-ci, toujours passionnée, dire à celui-là, qui semblait s'en amuser beaucoup: «Nous connaissons aussi bien l'un que l'autre la société québécoise; la seule différence, c'est que vous l'observez d'en haut et moi d'en bas!»

Comment, en un paragraphe, rendre justice à Michel Désautels, ce grand journaliste et animateur de la radio

---

19. Qui se tient chaque année dans le cadre du Salon du livre de Montréal.
20. Je me suis souvent amusé à provoquer des rencontres inusitées entre mes auteurs, par exemple en asseyant côte à côte Bernard Landry et André Pratte lors de séances de signatures dans des salons du livre.

et de la télévision, qui nous étonna tous en remportant le prix Robert-Cliche du premier roman avec son *Smiley* que je publiai chez VLB éditeur en 1997, puis rééditai en poche, dans Typo, l'année suivante ? Il confirma son talent de romancier avec la publication en 2000, toujours chez VLB éditeur, de *La semaine prochaine, je veux mourir*. Il devint un véritable ami de nos maisons, animant régulièrement des événements que nous organisions dans des salons du livre ou ailleurs. Sa compagne d'alors, Chantal Jolis, m'invita à son cinquantième anniversaire. Je contribuai modestement au cadeau collectif — un cheval ! — qui lui fut offert à cette occasion, ce qui me permit par la suite le faire rigoler régulièrement en lui rappelant qu'il m'en devait toute une, puisque j'étais le propriétaire du bout de la queue de sa bête préférée !

Comment, en quelques phrases, rendre justice à Abla Farhoud, dramaturge[21] et romancière d'origine libanaise, véritable artiste de la plume, dont j'ai édité, à l'Hexagone en 1998, *Le bonheur a la queue glissante* — peut-être le plus beau roman jamais écrit sur l'immigration — qui a remporté le prix France-Québec Philippe-Rossillon et qui fut suivi, en 2001 à l'Hexagone puis en 2005 chez VLB éditeur, par les non moins intéressants *Splendide solitude* et *Le fou d'Omar* ? Chère Abla, fougueuse Abla, drôle et émouvante Abla, que de fois nous nous sommes inquiétés pour elle, Simone Sauren et moi, quand, dans ses crises de mélancolie, elle nous laissait sans nouvelles, ne répondant pas à nos appels anxieux !

---

21. J'ai publié chez VLB éditeur deux pièces d'Abla Farhoud : *Jeux de patience* en 1997 et *Les rues de l'alligator* en 2003.

Comment, en quelques mots, rendre justice à Pierre Caron, tour à tour journaliste, avocat, notaire et surtout romancier prolifique, doté d'une culture littéraire vraiment hors du commun, personnage étonnant qui semble tout droit sorti du dix-neuvième siècle, éternel angoissé, dont j'ai réédité dans Typo en 2004 le roman *La vraie vie de Tina Louise*, dont j'ai édité, chez VLB éditeur, en 2003, le récit *Mon ami Simenon* et dont j'ai surtout publié, également chez VLB éditeur, entre 2004 et 2006, la grande fresque historique en trois volets intitulée *La naissance d'une nation*[22]? Je ne suis pas près d'oublier ses innombrables coups de fil inquiets, parfois tard le soir ou dès l'aurore, quand, par exemple, une critique qu'il n'appréciait pas l'empêchait de me laisser dormir...

Comment rendre justice à tous ces autres romanciers et romancières que, dans la frénésie de journées en même temps trop courtes et interminables, je n'avais parfois l'occasion de rencontrer qu'aux seuls moments de la signature du contrat, du lancement de l'ouvrage ou d'un salon du livre?

* * *

Parlant des salons du livre qui se tiennent chaque année dans la plupart des régions du Québec et qui, par les visiteurs nombreux et la kyrielle d'écrivains qu'ils attirent, constituent les principaux événements littéraires de notre vie culturelle, puis-je dire qu'ils représentent souvent, surtout à Montréal et à Québec, des moments plutôt éprouvants pour les éditeurs québécois?

---

22. *Thérèse*, 2004; *Marie*, 2005; *Émilienne*, 2006.

En temps comme en argent, ces salons réclament des investissements importants que les maigrichonnes subventions accordées pour soutenir la participation des éditeurs sont loin de compenser.

Qui plus est, on y voit débarquer, année après année, des romanciers étrangers, surtout des Français, qui, avec le soutien actif de leur ambassade ou de leur consulat, viennent y faire la promotion de leurs livres. Alors que pour un éditeur québécois, c'est véritablement la croix et la bannière pour obtenir du Conseil des arts et des lettres du Québec[23] une subvention qui ne couvre même pas entièrement les frais de séjour d'un seul écrivain qu'on veut, par exemple, amener avec soi au Salon du livre de Paris[24], les éditeurs français bénéficient tout au contraire d'une véritable politique d'aide de leur gouvernement. C'est ainsi que six mois avant la tenue desdits rassemblements, les très reconnaissants organisateurs des salons du livre de Montréal et de Québec se voient informés par le consulat français des noms des « prestigieux » visiteurs qu'ils auront le bonheur d'accueillir aux frais, cela va de soi, de la République des lettres françaises. En échange, bien entendu, on leur déroulera le tapis rouge, on en fera des invités d'honneur, on facilitera leurs contacts avec les médias.

Ces visiteurs accaparent la plupart du temps toute l'attention médiatique, laissant dans l'ombre les écrivains

---

23. Faut-il préciser le caractère éminemment « symbolique » du soutien du gouvernement fédéral à l'exportation d'une littérature québécoise dont il ne reconnaît même pas l'existence et qui ne fait pas partie, bien sûr, des priorités de sa politique étrangère ?
24. Le maigre chèque, parfois même la réponse, arrive de surcroît souvent après la tenue de l'événement !

« indigènes » tellement moins exotiques. J'en ai souvent fait l'affligeante expérience. Ainsi, à l'occasion du Salon du livre de Québec du printemps 2002, je lançai à notre stand et en grande pompe le dernier roman de Jacques Desautels intitulé *Rue des Érables* et publié à l'Hexagone. Tout en nuances, ce roman psychologique d'une rare pénétration et fort bien écrit dresse un portrait fascinant de la société québécoise empesée et hypocrite des années 1940. Il s'agissait du troisième roman de cet écrivain qui a notamment publié, en 1993, *Le quatrième roi mage*, qui lui a valu le prix Robert-Cliche du premier roman et le prix Molson de l'Académie des lettres du Québec, et, en 1996, *La dame de Chypre*, unanimement salué par la critique. Jacques Desautels n'était pas le premier venu : grand voyageur, conférencier réputé, professeur de mythologie et de lettres classiques à la Faculté des lettres de l'Université Laval dont il était alors le doyen. Le maire de Québec, Jean-Paul L'Allier, assistait au lancement, entouré du « tout Québec littéraire ». Or, le lendemain, pas un traître mot sur ce lancement dans le quotidien québécois *Le Soleil*, partenaire du salon du livre, qui consacrait cependant une page entière – avec photo couleur de l'auteur – au « grand » romancier français Alexandre Jardin, de passage dans la Vieille Capitale ! Le surlendemain, toujours pas la moindre allusion à Desautels, mais encore une pleine page – avec photo couleur de l'auteur, bien entendu –, cette fois-là pour un « grand » écrivain américain, John Irving, qui venait – plusieurs mois auparavant ! – de publier une « nouveauté » et qui n'était pas même présent au salon !

Cet esprit colonisé qui perdure insidieusement dans nombre de médias québécois et qui s'ajoute à la méconnaissance, sinon au mépris, de nos écrivains par certains journalistes et chroniqueurs représente un obstacle considérable au développement de notre littérature nationale. Même *Le Devoir* n'y échappe pas, qui ne manque jamais de nous proposer portraits et entrevues des éditeurs européens qui séjournent à Montréal, mais qui ne trouve ni le temps ni l'espace pour faire de même avec les éditeurs québécois.

Je suis un fervent partisan de la couverture par nos médias des littératures du monde entier. Mais pourquoi donc devrait-elle se faire au détriment et dans le déni de notre propre littérature ?

Je me tais. J'en ai suffisamment dit à ce sujet pour que les accusations de chauvinisme ne manquent pas de pleuvoir sur ma pauvre tête.

* * *

Au Québec, le lectorat « littéraire » – j'entends par là le nombre de personnes qui suivent vraiment la vie littéraire, se tiennent au courant de l'évolution des œuvres des romanciers et des écrivains en général, lisent les quelques revues qui s'y consacrent, tiennent compte des critiques et des prix, participent à l'occasion aux événements organisés par l'institution littéraire – est constitué, selon mon expérience et mon estimation, de plus ou moins cinq mille individus. Quand un auteur littéraire fait le plein de ce lectorat, ce qui est plutôt rare car personne n'achète l'ensemble de la production littéraire d'une saison, c'est le nombre de livres qu'il écoule. Pour franchir ce cap, il doit parvenir à sortir de ce premier cercle restreint des vrais amoureux de la littérature et à rejoindre un lectorat plus large. Mais, dans les faits, la plupart des romans québécois se vendent à moins de mille exemplaires. Quand un écrivain québécois réussit à écouler trois mille copies de son dernier titre, on considère qu'il s'agit d'un bestseller ! Sur une population de près de huit millions de personnes, on admettra avec tristesse que seule une fraction éminemment minuscule des Québécoises et des Québécois s'intéresse à la littérature et, de façon générale, à la culture autre que celle du divertissement. Alors même que dans les productions culturelles plus exigeantes, non seulement en littérature mais aussi en arts visuels, en théâtre, en danse, en musique contemporaine, en cinéma d'auteur, jamais peut-être le Québec n'a-t-il connu une période aussi faste sur le plan de la création, jamais sans doute ses créateurs et ses interprètes n'ont-ils été à ce point reconnus ailleurs dans le monde, il faut bien constater que leurs œuvres ne sont généralement appréciées ici que par un marginal public de pairs et d'experts. Triste illustration de cette ignorance dramatique de leur propre culture, les trois-quarts des Québécois s'avèrent incapables, selon une enquête menée en 2008, de nommer ne serait-ce qu'un seul nom d'un écrivain québécois. Malgré le développement spectaculaire de la scolarisation depuis les années 1960, le public culturel se fait rare, pour ne pas dire qu'il se fait attendre. Le système d'éducation québécois a clairement failli à sa responsabilité d'arrimer éducation et culture et n'est pas parvenu à créer un large public consommateur et connaisseur des œuvres culturelles autres que celles dédiées au divertissement. La démocratisation culturelle rêvée par les révolutionnaires

La vie devrait être un roman • 153

tranquilles n'a tout simplement pas donné les fruits escomptés.

Sans même prendre en considération le nombre lamentablement restreint de livres qu'un élève québécois est appelé à lire pendant ses études[25] – incomparablement moins élevé qu'en France –, il n'y a qu'à visiter une bibliothèque d'une école – ce que j'ai eu l'occasion de faire à plusieurs reprises entre 1996 et 2005 – pour comprendre les raisons de cette faillite. Un désolant voyage dans le tiers monde culturel, une véritable honte nationale : des locaux souvent vétustes et la plupart du temps inadéquats, des collections vieillottes où l'on ne retrouve même pas les principaux classiques de notre littérature, des livres abîmés et défraîchis, des ressources inexistantes. Dans la plupart des cas, on demande à des parents bénévoles, sans connaissances ni moyens, de s'occuper de la bibliothèque, ce qui conduit parfois à des résultats aberrants, par exemple dans cette école où, ayant été conviés à classer les livres par « auteur », les bénévoles, pleins de bonne volonté, les avaient soigneusement classés par « hauteur »[26] ! Et le président de la Fédération des commissions scolaires du Québec a eu l'indécence d'affirmer, au début des années 2000, que les bibliothèques n'étaient pas une priorité pour elle. Il ne faut pas seulement abolir les commissions scolaires, il faut jeter leurs dirigeants en prison pour « crimes contre la culture » !

---

25. Et sans mentionner non plus l'abolition automutilatrice de l'un des deux cours de littérature québécoise au cégep.
26. Authentique ! Je tairai, par charité laïque, le nom de cette école. Depuis 2005, les budgets d'acquisition de livres des écoles ont connu une certaine augmentation, mais on a encore une fois omis de prévoir les ressources humaines pour s'en occuper.

Si vous croyez que la situation est meilleure dans les collèges, laissez-moi vous dire que la dernière fois que j'ai vérifié, la bibliothèque du cégep Gérald-Godin – aussi incroyable que cela puisse paraître – ne mettait toujours pas à la disposition des étudiants de cette institution l'ensemble des livres, pourtant peu nombreux, dudit Gérald Godin. Comment se fait-il qu'ils n'offrent pas, en guise de cadeau de bienvenue, un exemplaire de ses *Cantouques* à chaque étudiant qu'ils accueillent ? « Nous n'avons pas de budget pour cela », m'a-t-on répondu quand je leur en ai fait la suggestion il y a quelques années.

Pas de budget pour offrir des livres et guère d'argent non plus pour en acquérir pour les bibliothèques, comme j'ai pu le constater en allant remettre la collection complète des livres publiés dans Typo à la bibliothèque du cégep de Drummondville en 2001[27]. Réunis pour l'occasion, les professeurs de littérature ne cachaient pas leur joie de mettre enfin la main sur des classiques aussi incontestables de notre littérature que *Poésies complètes* d'Émile Nelligan et *Agaguk* d'Yves Thériault. Confuse, la malheureuse bibliothécaire m'expliqua que son budget était à ce point insuffisant qu'elle en était réduite à consacrer une large partie de son temps à quêter auprès des entreprises et des organismes de sa région dans l'espoir d'obtenir des fonds supplémentaires afin de garnir minimalement ses rayons !

---

27. Lors de la Journée mondiale du livre, j'avais organisé un événement dans les polyvalentes et les cégeps de concert avec la Centrale de l'enseignement du Québec. Chaque institution – il y en eut environ cent cinquante – qui accueillait à cette occasion un écrivain attaché à l'une de nos maisons d'édition était admissible à un tirage dont les prix étaient des collections de livres.

La vie devrait être un roman • 155

En ce qui concerne les bibliothèques municipales, rappelons simplement que, selon la dernière enquête pancanadienne, le Québec se situe encore et toujours dans le peloton de queue des provinces quant au nombre de livres et au nombre de bibliothécaires par habitant. Enfin, alors que la plupart des familles québécoises considèrent tout à fait normal d'avoir une discothèque et une vidéothèque domestiques assez bien fournies, rares sont celles qui, contrairement aux familles européennes, possèdent ne serait-ce que l'ombre d'une bibliothèque.

Et l'on déplore que les jeunes Québécoises et Québécois, à qui on rend les livres à la fois si peu disponibles et absolument pas attrayants, ne lisent pas suffisamment ? Comptons-nous chanceux qu'ils ne les brûlent pas !

Les idées mènent le monde

« **V**ous êtes comme moi, monsieur Graveline. Vous faîtes partie de ces rares personnes qui croient encore que les idées mènent le monde ! » C'est par ces mots affectueux et ironiques que Jacques Parizeau m'accueillit un jour à l'un des dîners que j'eus le privilège de partager avec lui pendant toutes les années où je fus son éditeur.

***

J'ai d'abord rencontré Jacques Parizeau dans une vie antérieure, en 1978, alors que j'étais président du Syndicat de la musique du Québec, qui tenta en vain de briser le monopole qu'exerce l'*American Federation of Musicians* sur la représentation syndicale des musiciens québécois. J'avais été convié à participer à un sommet sur la culture organisé par le premier gouvernement du Parti Québécois. Je m'étais retrouvé assis à la même table que lui lors du dîner d'ouverture. Étrangement, nous n'avions abordé ce soir-là qu'un seul sujet : le projet de doter le Québec de centrales nucléaires, dont il était alors un chaud partisan et dont j'étais pour ma part un farouche opposant. L'échange avait été vif.

J'ai suivi bien sûr avec attention son exceptionnelle carrière politique jusqu'à son accession à la présidence du Parti Québécois en 1988, puis au poste de premier ministre du Québec en 1994. Outre le rôle majeur qu'il joua dans la Révolution tranquille comme conseiller de plusieurs premiers ministres, la façon magistrale dont il assuma la responsabilité du ministère des Finances dans les gouvernements de René Lévesque, sa courageuse rupture avec ce dernier quand celui-ci prit le douteux virage du « beau risque », la manière remarquable dont il relança le mouvement souverainiste jusqu'à la quasi-victoire du OUI au référendum du 30 octobre 1995, l'intelligence de sa stratégie politique, l'abnégation dont il fit preuve en laissant Lucien Bouchard prendre les devants de la scène quand les circonstances le commandèrent, tout cela force mon admiration. Son action politique et économique fait de cet homme, à mon avis, une des plus grandes figures québécoises contemporaines.

Mais cette admiration que je ressens pour Jacques Parizeau n'a jamais sombré dans l'adulation. Je ne me suis jamais gêné pour lui exprimer en public comme en privé mes désaccords ou mes critiques. Je me souviens en particulier d'une rencontre des Partenaires pour la souveraineté pendant la campagne référendaire de 1995 où, porte-parole de l'Union des écrivaines et des écrivains, je l'apostrophai durement, le sommant de mettre un frein à la rivalité qui l'opposait à Lucien Bouchard et qui menaçait de faire éclater notre coalition.

Toutefois, je ne fus jamais de ceux, nombreux, qui lui reprochèrent sa soi-disant arrogance bourgeoise. Son origine sociale, renforcée par ses études exceptionnelles[1], sa compétence unanimement reconnue et son parcours professionnel hors du commun lui ont procuré une confiance en lui-même et en son peuple, une franchise et une détermination qui ont toujours tranché avec les tergiversations habituelles de nos leaders politiques qu'incarnait si bien, par exemple, un René Lévesque. Jacques Parizeau n'a jamais eu peur de la souveraineté. Il a toujours su où il voulait mener son peuple. J'ai toujours pensé, pour ma part, qu'il était simplement le moins colonisé d'entre nous.

Je ne fus pas non plus de ceux qui se sentirent obligés de déchirer leurs vêtements sur la place publique et de se couvrir la tête de cendres à la suite de sa fameuse déclaration au sujet de «l'argent et des votes ethniques» le soir de la défaite référendaire de 1995. Non que je partageais son propos. Quant à moi, il aurait aussi bien pu s'en prendre aux fonctionnaires de Québec, dont les voix nous firent tragiquement défaut. Mais je comprenais et lui pardonnais sa colère et son amertume.

Par ailleurs, ce qui me frappa dans cette affaire, ce ne fut pas tant la déclaration de Parizeau elle-même que la réaction incroyablement excessive qu'elle suscita dans les médias et dans l'intelligentsia québécoise, et l'entreprise d'autoflagellation collective à laquelle nous nous livrâmes, indécrottables aliénés que nous semblons être, comme

---

1. Il fut, rappelons-le, le premier Québécois à décrocher un doctorat de la prestigieuse *London School of Economics*.

cela nous arrive chaque fois qu'un ennemi s'amuse à nous accuser de racisme et de xénophobie.

Quand je devins éditeur au début de 1996, Jacques Parizeau était donc aux yeux de nos ayatollahs de la rectitude politique un pestiféré. Je n'eus pourtant pas la moindre hésitation à demander à Miron, qui devait rencontrer Jacques Parizeau, de lui proposer l'idée de regrouper ses principaux textes politiques en un volume et de m'organiser un rendez-vous avec lui. Ce qu'il fit avec succès.

Nous entreprîmes donc, avec le précieux concours de Sylvie Brousseau, qui était alors l'adjointe de Jacques Parizeau, et de Jean-François Nadeau, que je venais d'embaucher au groupe Ville-Marie Littérature, le titanesque travail, qui s'échelonna sur plusieurs mois, de retrouver les nombreux écrits qui avaient jalonné son parcours, d'en faire une sélection, de les rassembler par chapitres thématiques précédés d'introductions inédites. Je connus d'ailleurs, en préparant ce livre, un des instants les plus angoissants de ma vie d'éditeur quand nous découvrîmes, dans les dernières épreuves du livre avant son envoi à l'imprimerie, qu'une faute s'était glissée justement dans le texte de son discours controversé prononcé le soir du référendum : la célèbre référence à « l'argent et des votes *ethniques* » était devenue « l'argent et des votes *techniques* » ! Je fis corriger l'erreur sans la signaler à Jacques Parizeau mais, aujourd'hui encore, j'ai des sueurs froides à imaginer les conséquences si le livre avait paru avec cette épouvantable coquille.

Ce livre, *Pour un Québec souverain*, fut finalement publié en mai 1997. Il se terminait sur ces phrases admirables :

La tâche serait plus simple si on rajeunissait un peu le pouvoir dans cette société qui a pris un coup de vieux depuis la Révolution tranquille. Les nostalgiques, les vestales et les momies pullulent. Les idées deviennent plus rares ; les savants se transforment souvent en techniciens, les politiciens, de plus en plus en administrateurs jansénistes. Il reste évidemment les poètes. Et tant qu'ils seront là, tout est possible.

Pour un Québec souverain souleva une immense polémique avant même sa sortie en librairie. En effet, le journaliste Michel Vastel, ayant mis la main sur un exemplaire de l'essai, affirma à la une du quotidien *Le Soleil* que Parizeau révélait dans le livre qu'il aurait sans attendre déclaré unilatéralement l'indépendance du Québec au lendemain d'une victoire au référendum. Le pauvre Vastel s'était manifestement laissé emporter par son désir de créer un scoop, car il n'y avait rien de tel dans l'ouvrage. Pourtant, le tollé fut immédiat et général. Sans avoir lu le livre et sans prendre la peine de vérifier – il leur aurait pourtant suffi de me passer un simple coup de fil –, les Lucien Bouchard, Bernard Landry et Gilles Duceppe se ridiculisèrent en se dissociant publiquement de Jacques Parizeau et en condamnant d'une seule voix et dans les termes les plus vifs son supposé « machiavélisme ». Comme Parizeau était alors hospitalisé, il nous fallut quelques jours pour réagir et pour dégonfler le ballon. Mais la polémique servit bien le livre, qui devint immédiatement un best-seller.

Le lancement eut lieu à la Bibliothèque Saint-Sulpice, rue Saint-Denis à Montréal. Pierre Lespérance, qui était présent, m'assura qu'il n'avait jamais assisté à un événement d'une telle ampleur depuis le lancement d'*Option Québec* de René Lévesque. La grande salle était archi comble. Plus d'une centaine de journalistes et de caméramen se bousculaient pour être aux premières loges et nous dûmes refuser l'entrée, faute de place, à des dizaines de personnes. Jean-François Nadeau, qui servait ce soir-là de garde du corps supplémentaire à Jacques Parizeau, doit se souvenir encore des coups qu'il reçut en le conduisant à la tribune.

La sortie du livre coïncida avec la campagne électorale fédérale du printemps 1997. Les choses se présentaient plutôt mal pour le Bloc Québécois dont le nouveau chef, Gilles Duceppe, multipliait les gaffes. Il se refusait pourtant obstinément à faire appel à Jacques Parizeau. Mais les militants, eux, ne cessaient de le solliciter. Aussi, pendant quelques semaines, je transformai les locaux du groupe Ville-Marie Littérature en quartier général de la vigoureuse campagne parallèle que mena Parizeau en dépit de l'opposition des appareils politiques du Bloc et du PQ. Je parvins même, dans les derniers jours de la campagne, à réunir Parizeau et Duceppe dans un événement public qui se déroula dans le hall du groupe Sogides, rue Amherst. Ils y scellèrent leur réconciliation devant les médias. Quand tout fut terminé et que chacun dut reconnaître que son intervention avait permis au Bloc Québécois de sauver les meubles, Parizeau me remercia chaleureusement de mon soutien et m'affirma qu'il avait été fortement impressionné par la qualité de notre travail d'organisation et de communication et par notre efficacité « digne d'une machine électorale d'un parti ».

J'éditai par la suite deux autres livres de Parizeau: sa *Lettre ouverte aux juges de la Cour suprême*, que je publiai hors commerce, et sa passionnante réflexion intitulée *Le Québec et la mondialisation: une bouteille à la mer?* Nous travaillâmes pendant longtemps sur le projet d'un essai portant sur les enjeux et les défis de l'économie québécoise, projet qui ne se concrétisa malheureusement pas. Je tentai aussi, pendant des années, de le convaincre, lui qui remplissait plus qu'aucune autre personnalité publique – à l'exception peut-être de Pierre Falardeau – les salles des collèges et des universités où il était sans cesse invité à prononcer des conférences, d'écrire une *Lettre ouverte aux jeunes Québécois* dans laquelle il rappellerait les raisons fondamentales de réaliser l'indépendance politique du Québec. Il me promit plusieurs fois de s'y atteler mais ne me livra jamais le manuscrit.

Alors que j'ai vu certains auteurs qui ne lui arrivaient pas à la cheville traiter avec hauteur, sinon avec mépris, les employés du groupe qu'ils semblaient considérer comme des esclaves personnels, Jacques Parizeau fut toujours d'une extrême courtoisie avec chacun, n'hésitant pas à s'excuser auprès de la réceptionniste pour le travail qu'il lui occasionnait, n'étant, par ailleurs, jamais avare de compliments pour les personnes qui étaient appelées à collaborer avec lui. Il mérite sans l'ombre d'un doute sa réputation de gentlemen.

De 1996 à 2005, rares furent les mois où nous n'eûmes pas au moins une rencontre en tête-à-tête, la plupart du temps au restaurant Chez Pierre où un petit salon lui était réservé en permanence. Souvent ces dîners, empreints de franchise et, je crois, d'une réelle amitié, se prolongeaient jusque tard dans l'après-midi. Nous discutions bien sûr de ses projets de livre, mais aussi des problèmes de l'édition québécoise, de l'état de notre culture, de la situation politique et, bien entendu, de l'évolution du combat pour la souveraineté.

Lorsque, quelques mois avant les élections québécoises de 2003, je fus approché par un groupe de militants du comté de Mercier qui souhaitaient que j'y devienne le candidat du Parti Québécois, il m'encouragea à faire le saut en politique active et m'assura de son soutien. Il fut, je crois, déçu quand je décidai, par fidélité à mon engagement envers Gaston Miron et vis-à-vis de mes auteurs, de demeurer à la direction du groupe Ville-Marie Littérature.

C'est lui enfin qui me persuada, à la veille du congrès du Parti Québécois en juin 2005, de rendre publique la stratégie en dix grandes priorités et en trente actions souveraines pour l'accession du Québec à sa souveraineté que j'avais élaborée, stratégie que je publiai dans *Le Devoir* et qui me valut une volée de bois vert de tous les timorés. Il jugeait mon plan pertinent et jouable, à tout le moins susceptible de provoquer une nécessaire et salutaire réflexion chez les souverainistes. Nous verrons si l'avenir lui donnera raison mais, au moment d'écrire ces lignes, j'ai tout lieu de douter que ma contribution ait eu la moindre utilité ou influence.

* * *

Cinq années après avoir édité les textes de Jacques Parizeau, je voulus refaire un « coup d'édition » semblable avec un autre leader souverainiste, Bernard Landry, qui était alors devenu premier ministre du Québec. Je l'approchai à ce sujet au printemps 2001. Il se montra enthousiaste à cette idée et confia à l'une de ses attachés politiques, Josée Legault[2], le soin de mener à terme le projet. Les semaines passèrent, puis les mois. Malgré mes nombreux appels et missives, en dépit de quelques rencontres avec Bernard Landry et Josée Legault où celle-ci se vit clairement renouveler son mandat à cet égard, rien ne bougeait, rien n'avançait. Trop sollicitée par d'autres priorités ou peu motivée à préparer le livre d'un autre, Josée Legault n'y arrivait pas. En désespoir de cause, je m'attelai moi-même à la tâche et parvins, avec la complicité de la très efficace Odette Morin du bureau du premier ministre, à constituer le manuscrit.

Intitulé *La cause du Québec*, le livre fut finalement publié chez VLB éditeur en novembre 2002. Malgré deux grands lancements organisés l'un à Montréal, l'autre à Québec, en dépit aussi d'une très importante campagne de presse et d'une relance vigoureuse pendant la campagne électorale de 2003, l'ouvrage ne connut pas, loin s'en faut, le même succès commercial que celui de Jacques Parizeau.

Ce fut cependant l'occasion pour moi de découvrir une réalité plutôt troublante, à mes yeux éminemment désolante. Il faut se rappeler qu'en ces années-là – les choses ont-elles changé ? –, le mouvement souverainiste québécois se cherchait. Il ne savait plus trop où il s'en allait, ni comment y arriver. Or, quelques semaines avant la publication de *La cause du Québec* de Landry, j'avais édité un

---

2. Je connaissais Josée Legault pour avoir publié, chez VLB éditeur en 1996, ses chroniques dans *Le Devoir* sous le titre *Les nouveaux démons*.

essai de Michel Venne[3], alors directeur de l'information au quotidien *Le Devoir*, intitulé *Souverainistes, que faire ?* On pouvait être en accord ou non avec les propositions qu'il y mettait en avant, mais elles méritaient sans l'ombre d'un doute d'être prises en considération et discutées. Le deuxième lancement du livre de Landry se tint dans la ville de Québec un mercredi, jour de réunion du Conseil des ministres. Ceux-ci étaient donc pour la plupart présents à l'événement. Je profitai de l'occasion qui m'était offerte pour demander à une bonne moitié d'entre eux ce qu'ils pensaient des idées de Michel Venne. À ma profonde stupéfaction, je n'en trouvai aucun qui avait lu son livre ! Ainsi, au moment même où le mouvement souverainiste se questionnait avec angoisse sur son avenir, les membres les plus éminents du gouvernement péquiste n'avaient apparemment pas trouvé le temps ou ressenti le besoin de prendre connaissance des réflexions d'un des intellectuels les plus influents de ce mouvement...

Il est vrai que, si les péquistes ont gagné des élections à quatre reprises depuis 1976, s'ils ont occupé le pouvoir à Québec pendant plus de quinze années, ils ont, de l'aveu même des René Lévesque, Jacques Parizeau et Bernard Landry, consacré l'essentiel de leur temps et de leur énergie à toute autre chose qu'à préparer l'indépendance, à l'exception des six mois précédant le référendum de 1980 et de l'année précédant le référendum de 1995.

---

3. J'ai également publié du même auteur, chez VLB éditeur en 2001, *Les porteurs de liberté*, dans lequel on trouve notamment la plus complète et intelligente réplique jamais apportée aux arguments de Stéphane Dion contre l'idée de l'indépendance politique du Québec.

Les idées mènent le monde • 167

Je ne conteste ni ne discute ici leur bilan économique, social et culturel. Je questionne cependant leur bilan politique face à l'objectif premier, la souveraineté, qui est censé être le leur. Ils se sont notamment toujours refusés – à l'exception, jusqu'à un certain point, de Jacques Parizeau – à mobiliser ne serait-ce qu'une faible partie des ressources de l'État québécois derrière cet objectif. Ils se sont globalement cantonnés dans un légalisme « provincialiste ». Qu'est-ce donc, par exemple, qui les empêchait, de 1996 à 2003, au lendemain d'un référendum où la moitié de la population les avait appuyés, de relancer le combat en mettant en œuvre certaines actions souveraines au lieu de sabrer dans les délégations du Québec à l'étranger et de subir les attaques incessantes des fédéralistes sans trop savoir comment réagir ?

C'est en partie ce triste constat qui me motiva à participer à la « saison des idées » lancée par Bernard Landry en élaborant, alors que je séjournais à Paris en juin et juillet 2004, ma « proposition de stratégie d'actions souveraines pour réaliser l'indépendance du Québec » que j'ai déjà brièvement évoquée.

Je choisis dans un premier temps de ne pas la rendre publique et de l'acheminer, à mon retour à Montréal en août, au seul chef du PQ. Quelques jours plus tard, Bernard Landry me téléphona pour me féliciter dans les termes les plus élogieux de cette contribution et pour me demander de le rencontrer afin d'en débattre plus à fond. Lorsque nous nous vîmes, il prit longuement le temps de réviser avec moi chacun des éléments de ma proposition stratégique, exprimant ici et là certaines nuances mais manifestant dans l'ensemble son accord de principe avec les orientations que j'avançais. Il me fit part de la conviction qu'il avait acquise, après une longue réflexion, qu'il demeurait l'homme de la situation pour diriger le mouvement souverainiste et mener le Québec à son indépendance, ses successeurs éventuels – les Pauline Marois, François Legault, Gilles Duceppe et André Boisclair – « n'ayant pas l'envergure requise ». Il me demanda avec empressement de l'aider à assumer cette tâche immense en constituant et en coordonnant un petit groupe de réflexion politique et stratégique qui le conseillerait.

J'hésitai à lui dire oui. Cela représentait pour moi un surcroît de travail considérable à un moment où j'en avais plein les bras avec les trois maisons d'édition que je dirigeais. Par ailleurs, plus fondamentalement, j'avais mes doutes sur l'homme que je jugeais fort mal entouré et parfois inconséquent. Un an plus tôt, Bernard Landry m'avait déjà demandé de participer à un groupe de réflexion similaire qui ne s'était réuni qu'à une seule occasion, à sa maison de Verchères, le chef et ses lieutenants, en particulier Sylvain Simard, n'ayant manifestement pas apprécié la franchise des critiques que nous y avions émises. Je lui fis part sans le moindre ménagement de mes craintes. Il me rassura de telle sorte que je décidai de m'engager à ses côtés. La cause de la souveraineté ne primait-elle pas sur mes doutes au sujet de l'homme ? Et puis, avouons-le sans détour, quel intellectuel est capable de ne pas mordre à l'appât de devenir le conseiller du Prince ?

Je constituai donc rapidement ledit groupe de réflexion. À ma suggestion et avec l'approbation de Landry, je recrutai Louise Beaudoin, Henri Lamoureux, Louis Roy, Marie-Claude Sarrazin et Daniel Turp pour en faire partie. Line-Sylvie Perron, qui dirigeait le cabinet de Bernard Landry, participait à nos rencontres afin d'assurer le suivi opérationnel.

Nous nous mîmes au travail avec détermination, rigueur et loyauté – sans la moindre rémunération, faut-il le préciser –, multipliant les rencontres de septembre à décembre 2004, produisant rapports et analyses, élaborant un plan d'action qui, s'il avait été suivi, j'en ai aujourd'hui encore la conviction, aurait permis à Bernard Landry non seulement de remporter haut la main le vote de confiance au congrès du Parti Québécois, mais de sortir de celui-ci avec un leadership considérablement renforcé.

Je consacrai pratiquement toutes mes soirées et tous mes week-ends de l'automne 2004, ne ménageant ni mon temps ni ma peine, à assumer cette responsabilité que m'avait confiée Bernard Landry. Entre autres choses, je rédigeai l'important discours qu'il prononça au Conseil national d'octobre dans lequel il mit en avant un plan de mobilisation pour la souveraineté en dix points, pour l'essentiel inspiré de ma réflexion stratégique, qui reçut un accueil enthousiaste des militants. Malheureusement, bien que nous l'ayons mis en garde contre ce danger, il s'emmêla encore une fois les pinceaux sur la sempiternelle question de la date du référendum, cette suicidaire obsession chronique du Parti Québécois, et les médias en firent leurs choux gras.

Par ailleurs, plus nous avancions dans nos travaux, plus s'accumulaient les indices que la directrice de cabinet de Landry, Line-Sylvie Perron, nous mettait des bâtons dans les roues. Nos recommandations se perdaient dans d'obscurs méandres. Des réunions étaient annulées sans explication. Le suivi opérationnel promis ne se faisait pas. Il devint bientôt évident aux yeux de tous les membres du groupe que la dame n'appréciait pas du tout l'influence que nous exercions et, qu'elle avait son propre agenda secret[4].

À la mi-décembre, j'écrivis un courriel à Bernard Landry pour lui expliquer la situation et pour l'informer que, dans les circonstances, nous n'avions d'autre choix que de cesser nos activités. Il me téléphona moins d'une heure plus tard, apparemment catastrophé, m'assurant avec force de sa bonne foi et de son amitié, me réitérant qu'il avait absolument besoin de mon soutien et de celui du groupe que j'avais constitué, me jurant qu'il allait de ce pas tirer les choses au clair avec sa directrice de cabinet et lui donner des directives précises. Il ajouta qu'elle me téléphonerait le soir même, au plus tard le lendemain matin, pour relancer sur des bases solides notre indispensable collaboration.

Je n'eus plus aucune nouvelle ni de l'une ni de l'autre.

* * *

Pour conclure le sujet de mes relations « éditoriales » avec les leaders du Parti Québécois quand je dirigeais le groupe Ville-Marie[5], j'ajouterai simplement qu'en 2005, en dépit

---

4. Quelques mois plus tard, elle conseilla à Bernard Landry de démissionner par suite du résultat « insatisfaisant » – plus de 75 % d'appuis! – du vote de confiance tenu pendant le congrès du PQ. Elle rejoignit ensuite, comme par hasard, l'équipe d'André Boisclair dont elle devint la directrice de cabinet!
5. En 2007-2008, j'écrirai et j'éditerai aussi, chez Fides, *Québécoise!*, l'autobiographie de Pauline Marois.

de l'insuccès relatif que j'avais connu avec la publication de l'ouvrage de Bernard Landry, j'eus l'idée, incorrigible optimiste que je suis, de proposer à André Boisclair, tout juste élu à la tête du Parti Québécois, d'éditer un essai de son cru dans lequel il exposerait sa vision de l'avenir du Québec. Il n'eut même pas l'élémentaire politesse de me retourner mes appels. Il faut dire à sa décharge que je ne suis pas un humoriste...

À un député de son parti qui, à ma demande, finit par lui transmettre mon offre, il répondit brutalement qu'il n'avait pas de temps à perdre à écrire un livre.

* * *

Revenons maintenant un peu en arrière. Au moment où j'entrepris, en 1996, le long travail d'édition de l'ouvrage *Pour un Québec souverain* avec Jacques Parizeau, je reçus un appel du syndicaliste Michel Chartrand, qui m'invita à dîner pour me proposer d'éditer une anthologie de ses meilleurs textes et discours.

J'avais connu Chartrand en 1971 alors que tout jeune journaliste au magazine *Point de mire*, j'avais reçu de son directeur, Pierre Bourgault, la délicate mission de réaliser l'entrevue exclusive que Chartrand nous accordait à l'occasion de sa sortie de prison. Il avait été arrêté avec quelques centaines d'autres activistes, intellectuels, écrivains et artistes en vertu de l'ignominieuse Loi sur les mesures de guerre décrétée par le premier ministre du Canada, Pierre Elliott Trudeau, à la demande du premier ministre du Québec, Robert Bourassa, et du maire de Montréal, Jean Drapeau, pendant la Crise d'octobre de 1970. J'avais moi-même été arrêté dans la même foulée, mais j'avais eu la « chance » que les policiers découvrent quelques grammes de hachisch à mon domicile, de sorte que j'avais été transféré, après une seule nuit d'emprisonnement, à l'escouade des stupéfiants puis déféré devant un juge qui me condamna le jour même à cinquante dollars d'amende et me libéra. Comme plusieurs autres victimes de la paranoïa des fédéralistes, Chartrand avait eu droit, pour sa part, à quatre mois d'incarcération sans procès. La veille de notre rencontre, j'étais tellement anxieux que j'avais passé – bien inutilement, comme la suite des choses me le démontra – une nuit blanche à fignoler les questions que j'entendais lui poser. Je l'avais retrouvé tôt le matin à son bureau du Conseil central de la CSN à Montréal. Pour protester contre son emprisonnement arbitraire, il s'était laissé poussé barbe et cheveux, de sorte qu'il ressemblait à un prophète fou, tout droit sorti de l'Ancien Testament. À peine avais-je eu le temps de me présenter, de brancher mon magnétophone et de lui poser ma première question qu'il m'avait servi, possédé d'une sainte colère, marchant de long en large dans son bureau en gesticulant et en blasphémant, un discours-fleuve de plus d'une heure sans jamais me donner l'occasion de poser ma seconde question ! Je revins au magazine avec une entrevue passionnante et spectaculaire qui fit la une de l'édition suivante et qui me valut une solide réputation, largement imméritée, d'intervieweur hors pair.

Par la suite, j'avais eu souvent l'occasion de le rencontrer quand je travaillai au Service de l'information de la CSN au cours des années 1970. J'avais un immense respect pour cet homme. J'admirais la force de ses convictions, sa loyauté sans faille envers les travailleurs et les démunis du Québec, son franc-parler proverbial, même s'il s'avérait parfois brutal. Un jour, je l'entendis prononcer un discours qui, par la qualité de ses images et son sens de l'humour, valait sans contredit les meilleurs monologues d'Yvon Deschamps.

Aussi, je considérais comme un véritable honneur qu'il me propose d'éditer son livre. Malheureusement, je n'avais alors ni les ressources ni le temps pour mener de front deux projets aussi exigeants que ceux de publier Parizeau et Chartrand. Je lui fis part de mon problème et lui demandai de patienter quelques mois. Sollicité par une autre maison, probablement aussi pressé par l'âge car il n'était déjà plus très jeune, Chartrand ne m'attendit pas. Ce rendez-vous manqué représente l'un de mes plus grands regrets en tant qu'éditeur.

* * *

Je regrettai aussi de ne pas publier les textes de l'ancien président de la CSN, Marcel Pepin, qui fut à mon avis le plus grand leader syndical de l'histoire contemporaine du Québec et dont je fus, à une certaine époque, un des proches collaborateurs. Nous avions vécu côte à côte, au tournant des années 1980, l'aventure du Mouvement socialiste dont j'avais rédigé le manifeste. Il en était le président alors que j'en assumais le secrétariat général. Nous avions parcouru ensemble les régions du Québec pour tenter, bien avant Québec solidaire, de donner une voix et une force politique à la gauche québécoise.

Je garde un souvenir ému des longues conversations que nous avions sur le Québec. Pour cet homme qui avait notamment été à l'origine du manifeste *Ne comptons que sur nos propres moyens*, l'existence d'un mouvement syndical puissant, bien enraciné dans la classe ouvrière, porteur des valeurs de liberté et de justice sociale, surveillant de près les capitalistes et les gouvernements, représentait une condition indispensable à la qualité de la vie démocratique dans toute société. Il avait payé le prix fort pour défendre ses convictions, ayant été emprisonné pendant un an avec Yvon Charbonneau et Louis Laberge à la suite de la grève générale « illégale » de mai 1972. Après son décès, ses textes furent publiés par une autre maison d'édition. Pour un ancien syndicaliste, on ne peut pas dire que j'étais très conséquent dans mes choix éditoriaux. À ma décharge, il faut dire que l'époque où le mouvement syndical québécois pratiquait un syndicalisme de propositions et animait la vie intellectuelle québécoise – pensons au rôle que joua un Pierre Vadeboncoeur quand il était attaché à la CSN – était bel et bien révolue quand je devins éditeur en 1996.

* * *

Un autre penseur, essayiste et orateur de premier ordre qui croyait fermement que les idées mènent le monde et qui consacra l'essentiel de sa vie à écrire, à faire des discours et à enseigner fut Pierre Bourgault dont j'éditai, en 1999, le quatrième tome des écrits polémiques, intitulé *La résistance*.

Comme je l'ai déjà signalé, j'ai connu Pierre Bourgault en 1970 quand il me donna la chance de devenir journaliste professionnel en m'embauchant au magazine *Point de mire* dont il assumait la direction. J'avais dix-huit ans et j'étais fortement impressionné par cet homme qui avait dirigé avec panache le Rassemblement pour l'indépendance nationale (RIN) avant de le saborder pour permettre au Parti Québécois naissant de se développer en tant que coalition de tous les souverainistes. J'ai toujours regretté par la suite que René Lévesque, qui le percevait comme un rival et qui ne l'aimait pas, l'empêche de donner toute la mesure de son talent comme homme politique. Quel député il aurait été! Quel ministre de la Culture il aurait fait! Il faut dire que Bourgault, qui ne mâchait jamais ses mots, avait un jour traité Lévesque de «petit despote de province».

Pierre Bourgault était un homme honnête et loyal. Quand, au printemps 1971, les journalistes de *Point de mire* furent tous congédiés par le propriétaire du magazine parce qu'ils tentaient de se syndiquer, Pierre Bourgault nous manifesta sa solidarité en démissionnant de ses fonctions sur-le-champ. À partir de ce moment-là, la revue périclita avant de disparaître quelques mois plus tard.

À l'époque où il était mon patron à *Point de mire*, Bourgault m'appelait avec affection «mon petit Pierre». Trente ans plus tard, quand je préparai avec lui l'édition de ses nouveaux écrits polémiques, il m'appelait toujours «mon petit Pierre», ce qui me semblait quelque peu étrange alors que j'avais atteint la quarantaine avancée. Nous passâmes de longues heures à préparer l'ouvrage, chez lui, dans son loft, avenue du Mont-Royal. Dans ses dernières années, il était devenu misanthrope, quittant rarement son domicile qu'il partageait avec son chien Beau Bonhomme et son perroquet Isabelle. Il envoyait ses chroniques par Internet au *Journal de Montréal*. Il refusait même d'assister au lancement de ses propres livres. Il se remettait difficilement d'une chirurgie cardiaque qui l'avait beaucoup fait souffrir, ce qui ne l'empêchait toutefois pas de s'adonner allègrement au tabagisme malgré l'interdiction de ses médecins. Sachant que j'étais également l'éditeur de Parizeau, il s'ouvrit à moi de la peine qu'il ressentait de la tournure malheureuse qu'avaient prise leurs relations. On se souviendra qu'en devenant premier ministre, Jacques Parizeau l'avait recruté comme conseiller politique mais qu'il avait dû le congédier quelques mois plus tard sous la pression des médias, qui n'avaient pas pardonné à Bourgault certaines critiques qu'il leur avait adressées publiquement. Les deux hommes ne s'étaient plus reparlé depuis ce triste épisode. À la première occasion qui se présenta, j'abordai le sujet avec Jacques Parizeau qui eut la grandeur d'âme, me raconta plus tard Bourgault, de faire le déplacement à son domicile pour aller se réconcilier avec lui.

Quatre années plus tard, Pierre Bourgault mourut. Plus personne ne m'appellerait désormais « mon petit Pierre ». Comme j'étais en Europe, je ne pus assister à ses funérailles, mais je me réjouis néanmoins de l'ampleur de l'hommage qui lui fut rendu. Ses colères n'ont pas fini de nous manquer.

Entre-temps, j'avais publié son livre. La préface qu'il avait rédigée se terminait par ces phrases qui illustrent parfaitement, me semble-t-il, la sereine détermination qui habitait cet infatigable combattant de la liberté :

> L'histoire nous apprend que ce sont les résistants qui ont tenu le fort quand la troupe avait fui, qui

ont entretenu l'esprit quand toutes les barrières sautaient, qui ont refusé la défaite quand tout les appelait à la démission et qui ont parfois survécu pour assister à la renaissance de la liberté.

Je dis cela sans vanité. Je me sens aussi impuissant que quiconque. J'écris quand même. Je résiste quand même. On ne sait jamais...

* * *

La même année où je publiai les écrits polémiques de Bourgault, j'éditai aussi, chez VLB éditeur, un recueil des textes pamphlétaires d'un autre résistant, Pierre Falardeau, intitulé *Les bœufs sont lents mais la terre est patiente* et, à l'Hexagone, un recueil d'entretiens avec Falardeau sur son travail de cinéaste, superbement réalisé par Mireille La France, sous le titre *Pierre Falardeau persiste et filme!*

Falardeau est d'abord et avant tout un cinéaste et un des meilleurs de sa génération. Si on fait abstraction de sa trilogie satirique *Elvis Gratton* qui, bien qu'il s'en défende parfois, est – à l'exception du premier volet – une œuvre essentiellement alimentaire[6], il a réalisé à mon avis quelques-uns des plus grands documentaires et films de fiction sociopolitiques de notre jeune cinéma national, en particulier, me semble-t-il, *Le Party, Octobre* et *15 février 1839*. Malheureusement pour nous tous, le contenu politique de ses films et son militantisme indépendantiste en

---

6. Je fais ici un constat, non un reproche. Même le dérangeant Falardeau, quoi qu'en disent certains, a le droit de gagner sa vie. Quand on empêche systématiquement un cinéaste de tourner les films qui lui tiennent à cœur, il faut bien qu'il se replie sur autre chose pour vivre et faire vivre sa famille.

ont fait la bête noire des pourvoyeurs fédéralistes de Téléfilm Canada. En le privant de financement, on le réduit au silence. Nous ne verrons peut-être jamais le meilleur de Falardeau.

Mais Falardeau n'est pas vraiment un essayiste. J'ai longtemps cherché à le convaincre de s'atteler à un livre qui soit autre chose qu'un scénario ou un recueil de textes de combat. En 2002, au moment où Mario Dumont était au faîte de sa première vague de popularité, je lui avais proposé d'écrire un pamphlet contre lui, en salivant intellectuellement d'avance sur une telle confrontation publique. Il s'y refusa en prétextant sa paresse !

Mais Falardeau est un impitoyable critique des lâchetés, des travers et des attitudes colonisées de nos leaders politiques, de nos intellectuels, de nos artistes et, avec une délectation évidente, des ennemis de notre nation. Par exemple, au sujet des « progressistes » canadiens, il a écrit ces lignes qui disent tout :

> Dans la très grande majorité des cas, ces bonnes âmes de gauche, toujours prêtes à s'apitoyer sur n'importe quelle cause noble comme la lutte du Tibet, celle du Timor oriental, de l'Ossétie du Sud ou du Baloutchistan, font un blocage mental systématique quand il s'agit du Québec.
> Ils pleurnichent sur les bébés phoques, les Malécites, les bélugas, les Lubicons ou les baleines à bosse, mais notre lutte pour l'indépendance n'est jamais pour eux qu'une lutte tribale, ethnique, raciste ou antisémite.
> On connaît la chanson.

Polémiste redoutable, il ne fait pas dans la dentelle. Sa plume est un couteau trempé dans le curare. Il adore manifestement provoquer les chantres de la rectitude politique, ce qui le conduit souvent à des excès qui choquent et qu'il regrette parfois. Il donne des coups. Il en reçoit aussi plus que sa part. Je trouve triste, cependant, qu'il soit en partie devenu, un peu comme Michel Chartrand en son temps, prisonnier d'un personnage – une sorte de caricature de lui-même – fabriqué en bonne partie par des médias qui aiment avoir un « fou du roi » et qui en redemandent.

Quand il enlève son masque de « grande gueule », le Falardeau que je connais et que j'aime est un tout autre homme: amoureux d'une femme remarquable et père attentionné, lecteur éclectique et curieux, intelligent et modeste, capable d'écouter et de débattre avec respect, d'une rare culture, d'une sensibilité exceptionnelle, d'une sincérité indéniable et – j'en étonnerai sans doute plusieurs en ajoutant cela – d'une grande timidité. Un jour que je le fis asseoir à côté de Jacques Parizeau – qu'il admirait sans jamais avoir eu l'occasion de lui parler – pour une séance de signatures au Salon du livre de Montréal, il en perdit presque la parole et me remercia comme un enfant à qui on vient de donner la lune.

* * *

On aura compris que j'aime les libres-penseurs, ces femmes et ces hommes qui ne craignent pas de bousculer nos idées reçues et de brasser la cage de notre aliénation et que j'étais fier, comme éditeur, de leur donner la parole. Voilà pourquoi j'ai aussi toujours ressenti beaucoup d'affection pour une auteure qui ne m'a pourtant jamais ménagé ses critiques : Andrée Ferretti, la *pasionaria* de l'indépendance du Québec.

Je devins son éditeur bien que, se méfiant du grand groupe auquel nos maisons d'édition appartenaient et me reprochant avec virulence de publier des auteurs fédéralistes, elle m'était parfois infidèle. Nous avons en commun notre amitié avec Gaston Miron, notre passion pour la littérature québécoise, notre amour de la liberté, nos profondes convictions indépendantistes et notre action commune au sein du comité des écrivains pour le OUI lors du référendum de 1995 alors que nous avions coordonné, elle et moi, la publication du livre *Trente lettres pour un OUI*[7] publié chez Stanké.

J'aurais aussi bien pu parler d'elle dans le chapitre consacré aux romanciers car elle a écrit de grandes œuvres de fiction, parmi lesquelles *L'été de la compassion*, roman que j'ai édité chez VLB éditeur en 2003, et surtout *Renaissance en Paganie* suivi de *La vie partisane*, que j'ai réédité dans Typo en 2005. Mais sa participation de longue date au débat des idées au Québec, sa détermination exemplaire dans la bataille pour la souveraineté de notre nation, son sens de la critique, sa plume lumineuse

---

7. À la suite de la publication de ce livre, je connus un des moments les plus émouvants de ma vie quand la comédienne Marie Tifo fit la lecture de ma *Lettre pour vivre* devant quelque trois mille souverainistes rassemblés à Longueuil pendant la campagne référendaire. Quelques mois auparavant, j'avais aussi eu l'honneur d'écrire le discours patriotique de la fête nationale dont le comédien Raymond Bouchard fit la lecture devant les centaines de milliers de personnes réunies au parc Maisonneuve, à Montréal.

et combative et son rôle d'anthologiste des grands textes indépendantistes[8] la classent d'emblée – ce me semble évident – à côté des Parizeau, Landry, Bourgault et Falardeau, elle qui a écrit à son petit-fils :

> Certainement parce que la vie m'aime et qu'elle ne veut pas que je meure avant que nous ayons pu vivre ensemble, ne serait-ce qu'un seul jour, dans l'épanouissement de notre patrie souveraine. En ce jour anniversaire de ta naissance, mon cher petit-fils, je t'offre mon engagement à lutter sans fin pour l'avènement d'un octobre de lumière.

* * *

« Writing is fighting[9] ! » a écrit le grand écrivain afro-américain Ishmael Reed. Éditer aussi, puis-je me permettre d'ajouter. Au cours des dix années où je fus à la tête du groupe Ville-Marie Littérature, je crois bien avoir publié plus de livres en faveur de la souveraineté du Québec que tous les autres éditeurs québécois pris dans leur ensemble et, de ce fait, avoir été l'un des animateurs du débat public sur cette question.

Outre les essayistes déjà mentionnés et pour n'en nommer que quelques autres parmi ceux qui ont écrit sur l'avenir du Québec, j'ai édité Jacques Beauchemin, Gérard

---

8. Elle a publié, en collaboration avec Gaston Miron, *Les grands textes indépendantistes. Écrits, discours et manifestes québécois (1774-1992)* à l'Hexagone en 1992, réédité dans Typo en 2004 et enrichi, sous sa seule direction, d'un deuxième tome, consacré à la période 1992-2003, publié également dans Typo en 2004.
9. Écrire, c'est lutter !

Bouchard, Serge Cantin, Joseph Facal, Camille Laurin, Anne Legaré, Yves Michaud[10], Stéphane Paquin, Robin Philpot, Michel Sarra-Bournet, Pierre Serré, Michel Seymour, Daniel Turp et Pierre Vallières. Je me souviens de la fierté – bien légitime je crois – que je ressentais certaines semaines où les pages des idées des principaux quotidiens étaient occupées par des controverses suscitées par mes auteurs, par exemple sur la question de la définition de la nation québécoise. J'avais alors le sentiment de bien jouer le rôle éditorial qui était le mien en alimentant le débat démocratique dans notre société.

Comme je suis de notoriété publique un indépendantiste convaincu, je recevais par conséquent surtout des essais politiques d'auteurs qui partageaient cette orientation. Tout en comprenant le caractère inévitable de cette situation, je l'ai toujours regretté. Stéphane Dion s'est plaint un jour qu'aucun éditeur québécois ne voulait publier ses livres. S'il me les avait envoyés, ce qu'il s'est à tort abstenu de faire, je les aurais édités. Je sais bien en écrivant cela que je vais à nouveau provoquer l'ire d'Andrée Ferretti et de Pierre Falardeau comme je l'ai fait à quelques occasions en produisant les essais de Reed

---

10. Évoquant ici le nom du «Robin des banques» dont j'ai publié les *Paroles d'un homme libre* chez VLB éditeur en 2001, je ne peux passer sous silence la condamnation dont il fut injustement l'objet de la part de l'Assemblée nationale du Québec. J'ai été l'un des premiers à me porter publiquement à sa défense et je considère que le refus persistant de l'Assemblée nationale de lui présenter des excuses assombrit d'une tache honteuse la démocratie québécoise contemporaine.

Scowen[11] et surtout de l'éditorialiste en chef de *La Presse* et intellectuel de choc des fédéralistes québécois, André Pratte[12]. Ce dernier semblait d'ailleurs toujours étonné que je veuille être son éditeur.

La raison en est pourtant fort évidente. Au-delà des convictions politiques qui sont les miennes, j'ai toujours été intimement persuadé que mon devoir premier comme éditeur est de défendre et de promouvoir avec force les libertés d'opinion et d'expression dans notre société. Il s'agit là de nos libertés les plus précieuses, durement conquises par d'innombrables luttes des femmes et des hommes qui nous ont précédés dans l'histoire, et qu'il nous faut protéger comme de véritables trésors de l'humanité.

Le combat des idées ne peut jamais, à mon sens, se gagner à coups d'insultes, encore moins d'excommunications et de censures.

Que celles et ceux qui, comme moi, ne partagent pas les vues d'André Pratte et de Stéphane Dion leur répondent, avec toute la fermeté nécessaire, par la bouche de… leur plume !

* * *

À lire les pages qui précèdent, je me rends compte qu'on pourrait croire que j'éditais surtout des essais politiques dans les maisons du groupe Ville-Marie Littérature.

---

11. *Le temps des adieux*, VLB éditeur, 1999.
12. *Les oiseaux de malheur* (2000), *Le temps des girouettes* (2003) et *Aux pays des merveilles* (2006) chez VLB éditeur.

En réalité, sur les six collections d'essais[13] de VLB éditeur, une seule, «Partis pris actuels[14]», que je dirigeais personnellement, se spécialisait dans ce genre et bon nombre de livres publiés dans cette collection n'avaient qu'un rapport lointain, si même il y en avait un, avec la question nationale du Québec. Pour ne citer que quelques exemples parmi bien d'autres, j'ai édité, en 1998 chez VLB éditeur, un essai percutant et décapant de l'économiste Richard Langlois sur le système bancaire canadien intitulé *Requins : l'insoutenable voracité des banquiers* et préfacé par Yves Michaud, le Robin des banques lui-même. C'est d'ailleurs la seule fois en dix ans où le propriétaire du groupe, Pierre Lespérance, se permit de faire un commentaire négatif sur un de mes choix éditoriaux, sans toutefois me demander de le retirer. Il faut dire que la publication de ce livre qui fit beaucoup de bruit tombait à un bien mauvais moment pour lui : il était alors pressenti pour un poste d'administrateur d'une banque canadienne ! Je lui suggérai avec humour de répandre la nouvelle que son

---

13. Les autres collections d'essais de VLB éditeur, «Études québécoises» dirigée par Robert Comeau, «Des hommes et des femmes en changement» dirigée par Michel Dorais, «Gestations» dirigée par Hervé Fischer, «Le soi et l'autre» dirigée par Pierre Ouellet, «Les champs de la culture» dirigée par Robert Laliberté, traitaient plutôt de sujets historiques, sociologiques, philosophiques, littéraires et culturels. Quant à l'Hexagone, elle publiait pour l'essentiel des essais littéraires et culturels.

14. Nommée ainsi en référence aux éditions Parti pris issues de la revue du même nom, fondées et longtemps dirigées par le député-poète Gérald Godin, et en continuité avec l'esprit de cette maison. Quand celle-ci fit faillite à la fin des années 1970, l'Hexagone récupéra son fonds littéraire.

éditeur avait sombré dans la démence et les choses en restèrent là. La même année, celle fois-là à l'Hexagone, j'ai édité, sous le titre *La personne immédiate*, un étonnant essai de Laurent Laplante sur la myopie des citoyens, des décideurs et des intellectuels dans notre société. En 2000, chez VLB éditeur, j'ai publié un essai de Roch Denis qui devint par la suite recteur de l'UQAM avant de faire naufrage sous le poids de décisions immobilières douteuses. Cet essai, intitulé sobrement *Les défis de l'université au Québec*, demeure à ce jour une des analyses les plus pertinentes jamais écrites sur la commercialisation du savoir qui menace notre système d'éducation supérieure. En 2002, cette fois-là à l'Hexagone, j'ai réédité une version largement revue et corrigée du « classique » de Paul Warren sur le cinéma américain sous le titre *Le secret du star-system américain*. Toujours en 2002, chez VLB éditeur, j'ai publié *Sacré blues*, un remarquable portrait iconoclaste du Québec dressé par le jeune journaliste canadien Taras Grescoe[15], qui reçut un accueil enthousiaste du public. En 2003, j'ai édité dans la même maison la *Lettre ouverte aux anti-Américains* du correspondant de *La Presse* à New York, Richard Hétu[16], qui remet en question bon nombre des idées reçues que nous cultivons au Québec au sujet de nos voisins du Sud. En 2004, toujours chez VLB éditeur, j'ai publié un essai magistral sur les paradis fiscaux intitulé *Paul Martin et compagnies* de l'intellectuel altermondialiste Alain Denault.

---

15. Dont j'ai aussi édité, en 2005, *Un voyage parmi les touristes*.
16. Richard Hétu a également écrit deux bons romans dont je fus l'éditeur : *La route de l'Ouest* en 2002 et *Rendez-vous à l'Étoile* en 2006.

* * *

Certains essais que j'ai édités ont connu une carrière hors du commun, non seulement au Québec, mais outre-Atlantique et ailleurs dans le monde. Je pense notamment au livre *Le cauchemar américain* de Robert Dôle, une courte mais exceptionnelle réflexion sur les vestiges du puritanisme dans la mentalité étasunienne actuelle. D'origine étasunienne, polyglotte, ayant longtemps vécu et enseigné en Europe avant de « s'exiler » au Québec, l'auteur est un personnage tout aussi original que son livre. Schizophrène la plupart du temps fonctionnel[17], il lui arriva pourtant, un jour qu'il n'était pas satisfait de mon travail d'éditeur, de m'écrire une lettre débutant ainsi : « J'ai finalement découvert qui est aujourd'hui l'Antéchrist sur la Terre : c'est toi ! »

Je pense aussi à *Un vétérinaire en colère* de Charles Danten, ex-vétérinaire repenti et angoissé, qui, sur la base d'une documentation prodigieuse, lève le voile sur les réalités gênantes qui se cachent derrière notre amour des bêtes et sur leur exploitation par des compagnies pharmaceutiques, des fabricants d'aliments, des élevages industriels et des cliniques vétérinaires. Cet essai, diffusé au Québec et en France, fut également publié en langue espagnole.

Je pense encore à *Femmes voilées, intégrismes démasqués* de Yolande Geadah[18], qui fut l'un des premiers essais à dénoncer avec courage, à partir d'une analyse rigou-

---

17. J'ai d'ailleurs publié du même auteur, chez VLB éditeur en 2000, *Comment réussir sa schizophrénie*.
18. Dont j'ai aussi publié, chez VLB éditeur en 2003, *La prostitution, un métier comme un autre ?*

reuse et nuancée, la montée des intégrismes religieux et son effet sur la condition des femmes. S'il connut un succès de librairie en France comme au Québec, l'ouvrage valut toutefois à son auteure de nombreuses menaces de la part des intégristes islamistes.

Je pense enfin au saisissant et remarquable essai de Madeleine Gagnon intitulé *Les femmes et la guerre*, qui non seulement fut édité au Québec et en France, mais fut également traduit et publié en langues anglaise et espagnole. Préfacé par Benoîte Groult, cet essai est le fruit de la rencontre improbable et poignante entre une grande écrivaine québécoise et des femmes victimes de la guerre en Macédoine, au Kosovo, en Bosnie, en Israël-Palestine, au Liban, au Pakistan et au Sri Lanka.

* * *

Pendant la décennie où j'ai dirigé le groupe Ville-Marie Littérature, j'ai édité fort peu d'essais d'auteurs étrangers. Mais je garde un souvenir particulier d'un auteur français, Philippe Séguin, et d'un livre, *Plus français que moi, tu meurs!*, que j'ai publié en 2000 chez VLB éditeur, en coédition avec Albin Michel.

Le livre dont le sous-titre est « France, Québec : des idées fausses à l'espérance partagée » aborde d'une manière plutôt iconoclaste la question des relations entre la France et le Québec et traite en particulier de la place de notre langue commune et de nos cultures dans un monde écrasé par la mondialisation. Il suscita beaucoup d'intérêt dans les deux pays. Sa publication me donna notamment l'occasion d'organiser, au Salon du livre de Québec au printemps 2001, un débat fort animé, qui fit salle comble, entre l'auteur, ancien président de l'Assemblée nationale française, et Louise Beaudoin, alors ministre des Relations internationales du Québec.

Dès ma première rencontre avec Philippe Séguin, une chaleureuse et réciproque sympathie s'installa entre nous. Gaulliste de centre-droit, admirateur et grand ami de la nation québécoise, il avait joué un rôle de tout premier plan dans le raffermissement du soutien de la France au Québec au moment du référendum de 1995. À l'époque où je publiai son essai, il était considéré en France comme un éventuel «présidentiable» et exerçait une influence majeure dans le débat public. Pour ma part, connaissant bien les enjeux politiques français, j'étais en mesure de soutenir les passionnantes conversations, non seulement sur l'avenir du Québec mais aussi sur celui de la France, que nous ne manquâmes pas d'avoir chaque fois que l'occasion se présenta.

Il eut par ailleurs l'extrême gentillesse, un jour que j'étais de passage à Paris, de m'inviter à l'Assemblée nationale où il était comme dans sa propre maison, de me servir de guide au cours d'une longue visite privée de cette institution dont il me raconta l'histoire, de m'emmener visiter sa prodigieuse bibliothèque, normalement accessible aux seuls députés et chercheurs et où sont notamment conservées, depuis la Révolution française, les archives de l'Église catholique de France saisies à cette occasion. Il poussa l'amabilité jusqu'à m'accorder le rarissime privilège de voir de mes yeux les actes du procès de Jeanne d'Arc.

Je revis Philippe Séguin un an plus tard, toujours à Paris, au moment où il s'était porté candidat à sa mairie.

Me promenant sur le boulevard Saint-Germain avec ma compagne, j'eus la surprise de tomber par hasard nez à nez avec lui. Il était ce jour-là entouré d'une meute de journalistes et de caméramen à qui il montrait, si ma mémoire est exacte, l'appartement qu'il habitait lorsqu'il était étudiant. Il ne se contenta pas de me saluer avec force démonstrations d'amitié, mais me présenta à tous comme étant « son cher éditeur québécois ». C'est ainsi que je me retrouvai ce soir-là aux nouvelles télévisées françaises !

* * *

Parmi les quelque deux cents essayistes que j'ai publiés entre 1996 et 2005, il y en a quatre et non des moindres dont je n'ai pas encore parlé, avec qui j'ai développé des liens vraiment enrichissants sur le plan intellectuel et qui faisaient particulièrement ma fierté comme éditeur.

Le premier est un vieil ami, que j'ai connu il y a maintenant plus d'un quart de siècle quand nous militions ensemble au sein du Mouvement socialiste, qui m'a souvent invité dans le petit paradis qu'il habite dans la vallée de la Missisquoi, que j'ai aussi souvent accueilli chez moi. En plus d'avoir longtemps enseigné l'éthique sociale et l'action communautaire au niveau universitaire, Henri Lamoureux est aussi essayiste et romancier. Son œuvre romanesque est à ce point consistante[19] et singulière, notamment parce qu'elle est marquée par les

---

19. Il a écrit neuf romans dont les quatre derniers, *L'infirmière de nuit* (2006), *Journées d'hiver* (2005), *Squeegee* (2003) et *Le passé intérieur* (1998), furent édités sous ma direction chez VLB éditeur et les deux premiers, *L'affrontement* et *Les meilleurs d'entre nous*, réédités en poche, par mes soins, dans Typo en 2002.

préoccupations sociales – ce qui est fort rare dans la littérature québécoise contemporaine – que j'aurais tout aussi bien pu écrire sur cet auteur dans le chapitre dédié aux romanciers. Mais Henri Lamoureux, par son engagement de longue date au sein du mouvement communautaire, par ses analyses sans complaisance formulées dans plusieurs essais, dont les incontournables *Le citoyen responsable* et *Les dérives de la démocratie* que j'ai publiés chez VLB éditeur en 1996 et en 1999, s'est imposé comme l'un des intellectuels les plus importants de la société civile québécoise. Il a été notamment l'un des premiers à mettre en évidence une caractéristique essentielle du Québec contemporain – dont je demeure étonné que les partis politiques souverainistes ne fassent pas plus de cas –, à savoir que les organisations de la société civile québécoise ont à peu près toutes réalisé leur indépendance vis-à-vis de la société civile canadienne au cours des trente dernières années, constituant leurs propres regroupements, développant leurs propres affiliations ou alliances internationales, exerçant même à l'occasion un leadership planétaire comme ce fut le cas avec «La marche mondiale des femmes contre la pauvreté» lancée et coordonnée par des féministes québécoises.

Le second essayiste que j'apprécie et que j'aime trop pour ne pas mettre en évidence dans ces pages l'originalité et l'intelligence de sa réflexion intellectuelle est l'artiste et philosophe Hervé Fischer. D'origine française, arrivé au Québec au début des années 1980, qualifié d'«agitateur d'idées interactives» par *Le Monde* en 1996, Hervé Fischer a fondé le Marché international du multimédia (MIM) en 1993, puis la Fédération internationale des associations de multimédia (FIAM) en 1998. Il a ensuite occupé pendant quelques années la chaire Daniel-Langlois de technologies numériques et de beaux-arts à l'Université Concordia. Entre deux voyages à l'étranger – pour exposer ses œuvres en Argentine ou au Chili, pour présider une conférence à Dubaï, pour prononcer une allocution à Beijing… –, il a entrepris au début de ce millénaire de coucher sur papier, dans une série d'essais, son analyse de la révolution numérique fascinante que l'humanité vit aujourd'hui. Dès notre première rencontre, nous nous découvrîmes de telles affinités qu'il m'accorda sa confiance pour l'accompagner dans cette démarche bien qu'il fût sollicité par toutes les grandes maisons d'édition québécoises. De 2002 à 2006, j'ai édité cinq essais d'Hervé Fischer. Ce ne fut pas une mince tâche dans la mesure où cet esprit atypique pratique ce qu'il appelle un mode de «pensée en arabesque» qui le conduit, à partir d'une idée-phare donnée, à explorer librement et souverainement toutes les directions où le mène son infinie curiosité. Cela donne dans un premier temps des manuscrits volumineux, touffus, échevelés, qu'il faut, par un patient processus d'édulcoration éditoriale, transformer en livres non seulement publiables mais passionnants. J'ai successivement édité, chez VLB éditeur, sa trilogie consacrée à la révolution numérique[20], puis son analyse de l'impact du numérique sur l'impérialisme hollywoodien dans le cinéma mondial[21], et enfin, en 2006, son essai le plus personnel et le plus ambitieux, *Nous*

---

20. *Le choc du numérique* (2001), *CyberProméthée* (2003), *La planète hyper* (2004).
21. *Le déclin de l'empire hollywoodien* (2004).

serons des dieux, qui se conclut sur ces phrases lancées comme un défi :

> À ceux qui prennent le monde pour une utilité exploitable à merci, et les hommes pour une ressource corvéable et jetable, il est urgent d'opposer l'exigence philosophique. Car c'est la création du monde qu'il nous faut désormais assumer pleinement nous-mêmes, pour que l'humanité, sortant du long cauchemar de ses religions, de ses guerres et de ses misères, esquisse son premier sourire de délivrance et se lève pour bâtir l'avenir.

Le troisième essayiste que je m'en voudrais de passer sous silence est Michel Dorais, professeur et chercheur à la Faculté des sciences sociales de l'Université Laval, pour qui j'ai la plus grande admiration et amitié. Il a à son actif, au moment d'écrire ces lignes, pas moins de douze essais dont il a suivi chacune des étapes de production avec une rigueur et une angoisse quasi compulsives – à tout le moins éreintantes pour son éditeur –, dont il dit à chaque fois que « c'est le dernier » et dont plus de la moitié[22] fut éditée ou rééditée sous ma direction, chez VLB éditeur et Typo, entre 1996 et 2006. Il est aujourd'hui reconnu comme l'un des plus grands experts, sinon le plus grand,

---

22. *Ça arrive aussi aux garçons. L'abus sexuel au masculin* (1996), *Éloge de la diversité sexuelle* (1999), *Mort ou fif. La face cachée du suicide chez les garçons* (2000), *Travailleurs du sexe* (2003), *La mémoire du désir* (2004), *Sains et saufs. Petit manuel de lutte contre l'homophobie* (2005) et *Jeunes filles sous influence. Prostitution juvénile et gangs de rue* (2006).

en sociologie de la sexualité dans le monde francophone, notamment en France, en Belgique et en Suisse où il est régulièrement invité à prononcer des conférences, et ses ouvrages qui font autorité en la matière sont traduits et publiés en plusieurs langues. S'attaquant aux lieux communs, en particulier aux intégrismes identitaires qui piègent dès notre enfance notre façon de penser, de catégoriser, de réduire et de vivre la sexualité, il ne cesse de poser dans ses essais des questions aussi nécessaires que dérangeantes et de rendre ainsi justice et légitimité à la richesse méconnue de la diversité sexuelle de l'humanité.

Enfin, il est tellement de « bon ton » dans certains milieux de se moquer d'elle et de la vilipender, que j'en surprendrai sans doute plusieurs en nommant Denise Bombardier comme la quatrième intellectuelle que je tiens en si haute estime que je ne saurais d'aucune façon l'oublier dans ce chapitre consacré aux essayistes. Détentrice d'un doctorat en sociologie de La Sorbonne, journaliste vedette, longtemps associée à la Société Radio-Canada – où elle a notamment à son actif la première émission d'affaires publiques[23] animée par une femme –, avant de passer au réseau TVA, auteure d'une douzaine de romans et d'essais, figure connue dans toute la francophonie, femme intelligente et passionnée, Denise Bombardier est une véritable polémiste, chose rare au Québec et rarissime chez les femmes. J'ai édité, chez VLB éditeur, deux de ses ouvrages[24] dans lesquels sont reprises ses chroniques publiées dans le quotidien *Le Devoir*. Je ne

---

23. *Noir sur blanc*.
24. *Propos d'une moraliste* (2003) et *Sans complaisance* (2005).

suis pas d'accord, loin s'en faut, avec tous ses propos, en particulier quand elle exprime une certaine nostalgie du temps où les valeurs chrétiennes dominaient notre société, alors que je tiens la laïcité pour une des plus belles conquêtes du Québec moderne. Mais combien je partage son impitoyable critique des travers de notre culture de plus en plus soumise à la piètre dictature de la télé-réalité et de l'humour douteux. Et surtout, combien j'admire chez Denise Bombardier le franc-parler, la clarté de la langue et la beauté de l'écriture, de même que l'indéniable courage qui la caractérise.

* * *

Les idées mènent-elles le monde ? Sans l'ombre d'un doute, me semble-t-il, bien que ce ne soit pas dans le sens que je désire alors que ce sont les idéologies religieuses qui semblent prendre le haut du pavé partout sur la planète et nous entraîner sur les sombres sentiers de l'intolérance, de la guerre, de la terreur et de la mort.

Les idées mènent-elles le Québec ? J'en suis moins persuadé. Car le débat des idées dans notre société se déroule sur un terrain miné...

... miné d'abord par le renoncement d'un trop grand nombre de nos intellectuels à leur liberté d'expression, sinon d'opinion, en échange de l'argent et des privilèges que leur consentent les institutions et les entreprises qui les ont conscrits. Combien de fois, pendant la décennie où j'ai été l'éditeur du groupe Ville-Marie Littérature, comme à l'époque où je tenais une chronique dans *Le Devoir*, n'ai-je pas été approché par l'un ou l'autre de ces intellectuels qui me suggérait d'aborder tel sujet litigieux, de publier tel essai controversé, qu'ils auraient été les mieux à même de réaliser mais qu'ils n'avaient pas le courage d'entreprendre, craignant de perdre leur emploi, leur promotion, leurs subventions de recherche, leur précieuse «chaire du Canada»?

… miné ensuite par le syndrome de la forteresse assiégée qui, bien qu'il s'amenuise avec le temps, perdure dans notre psyché collective. Or, dans une forteresse assiégée – ce que notre nation, petit îlot français dans l'océan anglais nord-américain, contrainte d'adopter jusqu'à l'exacerbation des comportements de survie, a longtemps été et demeure encore jusqu'à un certain point –, tout débat est danger, toute critique est trahison. Le consensus est érigé en dogme et gare à celles et ceux qui le menacent.

… miné encore, même si d'aucuns parmi les nôtres s'en défendent, par notre aliénation collective de peuple colonisé qui continue trop souvent de se définir d'abord et avant tout à travers le regard que l'autre jette sur lui et qui peine à exprimer une pensée souveraine. Oui, bwana, nous sommes racistes et xénophobes! Non, bwana, nous ne méritons pas de participer au concert des nations!

… miné, par ailleurs, par la petite taille de notre collectivité où tout le monde connaît tout le monde et où, par conséquent, les débats d'idées sont rapidement personnalisés et prennent vite des airs de chicanes de famille avec leur lot d'insultes et d'injures.

… miné également par l'inculture crasse et l'anti-intellectualisme chronique de notre classe politique. Tous partis confondus, nos femmes et nos hommes politiques, pour la plupart, semblent lire peu, si même ils lisent, et tiennent en général pour hautement suspecte l'idée saugrenue de «perdre son temps» à écrire un livre.

... miné enfin par la culture du divertissement à tout prix qui s'est emparée de nombre de nos médias, particulièrement de nos réseaux de télévision, qui ont renoncé depuis belle lurette à donner la parole à tous ces intellectuels «trop sérieux et qui parlent trop», pour les remplacer par une pléthore d'humoristes et d'amuseurs publics qui, pour certains, cultivent jusqu'à la nausée, dans un indécent climat d'autosatisfaction et de complaisance incestueuse, le mauvais goût, la vulgarité et l'insignifiance.

Toute ma vie, en particulier au cours des dix années où j'ai dirigé le groupe Ville-Marie Littérature, j'ai voulu faire fi de ces réalités et défier ces contraintes. Non par bravoure ou par bravade mais par une sorte d'idéalisme sans doute quelque peu naïf – laissant le virulent petit Don Quichotte qui fait de l'insomnie en moi prendre avec délectation le dessus sur mes «intérêts personnels» –, j'ai cru que les idées devaient mener le monde et que mon devoir était d'y contribuer. Ai-je réussi?

Tout compte fait, je crois bien que monsieur Parizeau avait raison de se moquer gentiment de moi.

Traité de premiers soins
à l'usage des auteurs refusés
entremêlé d'un
Traité de savoir-vivre
à l'usage des auteurs acceptés

Pour dérider mes auditoires quand je prenais la parole lors des grands lancements collectifs[1] de nos nouveautés que nous organisions deux fois l'an, à l'automne et au printemps, j'ai deux ou trois fois annoncé que j'écrirais un jour un *Traité de premiers soins à l'usage des auteurs refusés* suivi d'un *Traité de savoir-vivre à l'usage des auteurs acceptés*. N'ayant pas le courage de tenir un engagement aussi inconsidéré, j'ai néanmoins rédigé ce chapitre qui en tiendra lieu.

---

1. Pendant longtemps, ces lancements se tinrent à la Bibliothèque Saint-Sulpice, rue Saint-Denis à Montréal, puis quand celle-ci fut fermée, au cabaret Le Lion d'Or, rue Ontario. Réunissant entre quatre cents et six cents personnes, ils devinrent rapidement des événements mondains courus par le « tout Montréal littéraire ».

***

De très nombreux Québécois ont d'innombrables idées de livre. Inspirés et terriblement excités par les succès commerciaux des King, Ludlum, Brown et autres Rowling, n'ayant de toute évidence, par ailleurs, guère réfléchi à la taille du marché québécois, certains croient même tenir la fortune à portée de main. Rares ont été les semaines, pendant la décennie où je dirigeai le groupe Ville-Marie Littérature, où je n'ai pas reçu un coup de fil, sinon la visite, d'une femme ou d'un homme qui avait une merveilleuse idée de roman ou d'essai – jamais, par contre, de poésie ou de théâtre – à me proposer et qui ne demandait pas mieux que de m'en faire bénéficier moyennant soit l'embauche d'un « nègre » pour l'écrire à sa place, soit le versement d'un à-valoir généralement prohibitif.

Habituellement, il me suffisait de leur demander de me remettre d'abord un synopsis détaillé de l'ouvrage accompagné au moins d'un premier chapitre pour ne plus en entendre parler. En fait, sur les centaines de projets de ce type entendus pendant toutes ces années, je ne sais pas s'il y en eut deux ou trois qui se concrétisèrent en un manuscrit palpable. Les bonnes idées ne font pas nécessairement de la bonne littérature.

***

Cela dit, les Québécois écrivent beaucoup. En fait, depuis le développement de l'informatique et la généralisation des ordinateurs domestiques qui facilitent le travail de rédaction à un degré presque inimaginable pour celles et ceux qui ont connu les joies et les plaisirs héroïques de la dactylographie, ils sont de plus en plus nombreux à pondre sans relâche des «œuvres» de plus en plus volumineuses. Les maisons d'édition sont littéralement ensevelies, jour après jour, sous le poids accablant d'innombrables propositions de manuscrits. Au groupe Ville-Marie Littérature, par exemple, nous en recevions bon an mal an pas moins de neuf cents adressés à l'une ou l'autre de nos trois maisons.

Quatre-vingts pour cent de ces manuscrits étaient des romans et la plupart d'entre eux, des romans que je qualifie de «thérapeutiques». J'entends par là de ces romans de toute évidence autobiographiques, qui racontent un amour passionné ou une insupportable peine de cœur, une petite colère ou une grande révolte, une incurable maladie ou la perte d'un être cher, la découverte de Dieu ou de son inexistence, voire un voyage d'une semaine dans les Caraïbes, toutes expériences humaines qui peuvent être vécues avec une telle intensité qu'elles entraînent apparemment l'impérieuse nécessité de la partager avec d'autres. Ces romans qui permettent de raconter une histoire personnelle, d'exprimer des sentiments, de mettre sur papier des idées, sont manifestement bénéfiques à la santé mentale de leurs auteurs. Ils peuvent à la rigueur être d'une lecture profitable à leur entourage. Mais, abordant des thèmes mille fois ressassés dans la littérature, sans originalité particulière au niveau de la forme sinon carrément mal écrits, ils ne sont guère susceptibles de trouver un lectorat en dehors du cercle immédiat de l'auteur.

Un éditeur doit pourtant les lire, au moins quelques pages, parfois un ou deux chapitres, ne serait-ce que pour s'assurer qu'il ne laisse pas, par paresse ou inadvertance, glisser entre ses doigts la perle rare, le manuscrit authentiquement littéraire, le chef-d'œuvre tant espéré. J'ai souvent dit à la blague que je lisais le genre littéraire le moins publié au Québec : le manuscrit. Car c'est d'abord cela, la vie d'un éditeur : lire sans répit, le matin en prenant son premier café, le jour entre deux rendez-vous, le midi en grignotant un sandwich, le soir en gardant un œil sur le téléjournal, la nuit quand l'insomnie nous y contraint, le week-end quand la famille nous en laisse le loisir, pendant les vacances quand un auteur sollicité par d'autres maisons nous presse, lire des manuscrits qui pour la plupart ne seront jamais publiés, lire des dizaines, des centaines, des milliers de manuscrits, lire à ne plus jamais avoir le temps de lire de vrais livres. Un éditeur est d'abord et avant tout un lecteur boulimique qui ne doit jamais perdre sa curiosité. Il doit accepter de bonne grâce de subir au jour le jour le terrible sort réservé aux victimes du destin de Sisyphe.

Si l'éditeur n'a pas le temps de tout lire, il confie à des lecteurs, des directeurs de collection ou des directeurs littéraires les manuscrits qui relèvent de leur champ d'intérêt. Alors l'éditeur doit lire les rapports de lecture que ces derniers lui remettent et qui sont parfois mieux écrits, plus intelligents, plus drôles que les textes qui les ont inspirés. J'ai quelquefois rêvé de publier un recueil de « morceaux choisis » de ces rapports de lecture. Quand ils se terminent par une recommandation de publication, l'éditeur consciencieux lira lui-même le manuscrit pour se faire sa propre idée. Il arrive même que, possédé par le démon du doute, il lise « en cachette » les manuscrits qui n'ont pas été retenus par ses lecteurs.

L'éditeur, du moins celui qui cultive la politesse, doit aussi lire les lettres de présentation des manuscrits que plusieurs auteurs en herbe se croient obligés de commettre. Certaines de ces lettres sont de véritables pièces d'anthologie. J'avais d'ailleurs au groupe Ville-Marie Littérature une collègue, Marie-Claude Barrière, qui en faisait collection. Ces lettres ne servent à rien d'autre qu'à détendre pour un instant l'éditeur stressé, surtout quand elles commencent par le sympathique quoique peu crédible « ma blonde (ou ma mère…) l'a lu et l'a trouvé génial » ou le classique bien que ridicule « vous ne le savez pas encore mais vous tenez entre les mains un best-seller qui nous rendra riches tous les deux ». Toutefois, à moins qu'il soit nouveau dans la profession, l'éditeur compétent n'ira pas jusqu'à prendre l'appel téléphonique ou recevoir la visite de l'auteur inconnu qui tient à tout prix à lui présenter de vive voix son manuscrit. Car, peu importe le bagout du solliciteur ou les charmes de la solliciteuse, l'éditeur ne pourra répondre en toutes circonstances que le très banal et toujours décevant : « Je dois d'abord le lire. »

On aura compris que le rapport entre un auteur et un éditeur est en tout premier lieu une relation amorcée ou avortée entre un auteur et un premier lecteur. Rien ne sert de harceler le pauvre éditeur surmené de coups de fil insistants ou de lettres de rappel menaçantes. Il faut tout bonnement lui laisser le temps de lire.

* * *

Vient ensuite le temps de la décision. Les lecteurs ont remis leurs rapports. Les attachées de presse ont donné leurs avis. Le directeur littéraire et le directeur de collection concernés ont fait leurs recommandations. Le comité éditorial a donné ou refusé son aval. Mais seul l'éditeur a la vision d'ensemble nécessaire pour prendre, autant que faire se peut, une décision éclairée. Le manuscrit s'inscrit-il dans l'orientation éditoriale de la maison ? Vient-il enrichir l'une des collections ? L'auteur est-il attaché à la maison ou n'est-il que de passage ? Est-il l'auteur d'un livre unique ou porte-t-il en lui une œuvre d'envergure ? Y a-t-il un public lecteur pour cet ouvrage ? Ses coûts de production sont-ils acceptables ? Générera-t-il des profits ou fera-t-il au moins ses frais ? Sinon, est-il admissible à des subventions qui couvriront une partie de son déficit ? Vaut-il mieux le publier maintenant ou attendre une prochaine saison ?

Chaque éditeur doit prendre sa décision en fonction de la réalité, toujours complexe, propre à sa maison. Au groupe Ville-Marie Littérature, c'est moi qui ai assumé cette responsabilité de 1996 à 2005. Grosso modo, j'ai accepté au cours de cette période quelque six cents manuscrits et en ai refusé un nombre au moins dix fois plus élevé. C'est vraiment un métier de mal-aimé que celui d'éditeur ! Éditer ou l'art de se faire des ennemis... Je n'ose même pas songer à ces innombrables auteurs qui doivent m'en vouloir de les avoir refusés. Sans compter ceux qui, après avoir pris connaissance du sort que la critique a réservé à leur chef-d'œuvre, doivent difficilement me pardonner de les avoir acceptés...

Au groupe Ville-Marie, il me fallait tenir compte de plusieurs critères qui nous étaient spécifiques. Ainsi, nous éditions – ce qui est rarissime au Québec – toute la littérature (poésie, théâtre, roman, essai), mais que de la littérature. Alors que certaines maisons dites littéraires font leur profit de la publication de livres pratiques, par exemple des livres de recettes, qui leur permettent de rentabiliser leur production littéraire déficitaire, notre appartenance au groupe Sogides qui possédait des maisons spécialisées dans ce genre d'édition nous interdisait cette pratique. Nous refusions par conséquent ce type de manuscrits, que nous acheminions aux Éditions de l'Homme. À l'inverse, celles-ci nous transféraient les manuscrits littéraires qu'elles recevaient[2]. Cette situation m'imposait toutefois de procéder chaque saison, sans filet, à un délicat travail d'équilibrisme éditorial. Comment, sans posséder par ailleurs la recette magique du best-seller, publier un nombre suffisant de romans populaires et d'essais grand public pour compenser les pertes inhérentes à l'édition de poésie, de théâtre, de romans littéraires et d'essais «pointus» et, en bout de course, terminer l'année financière sinon avec des profits du moins sans déficit? Cette réalité déterminait bien entendu mes choix éditoriaux.

Qui plus est, le groupe Ville-Marie Littérature est constitué, selon les standards québécois, de maisons relativement anciennes. L'Hexagone, par exemple, a aujourd'hui dépassé les cinquante années d'existence. Or qui dit vieille maison dit vieux auteurs. J'entends par là des auteurs qui ont une œuvre littéraire qu'ils poursuivent, en complicité avec leur maison d'édition, à travers parfois des décennies d'écriture et qui méritent d'avoir la priorité sur les jeunes loups affamés qui se pointent à l'horizon.

---

2. Cet échange de bons procédés fonctionnait bien, du moins pour la poésie, le théâtre et le roman. C'était moins évident pour l'essai, genre que nous avions en partage. Il m'arriva de solliciter des auteurs qui avaient déjà été approchés par les Éditions de l'Homme, ce qui leur donna l'occasion d'ironiser sur «l'excellente coordination existant au sein du groupe Sogides».

J'ai toujours cru que nos maisons, tout en faisant place aux voix nouvelles, avaient un impérieux devoir de loyauté envers les écrivains qui les avaient édifiées et qui leur restaient fidèles. Cela aussi influençait sensiblement mes choix. D'autant plus que j'ai toujours abhorré le marchandage commercial à la pièce – l'une et l'autre partie refusant de s'engager pour plus d'un ouvrage – qui tient de plus en plus lieu de rapport entre les auteurs et les éditeurs au Québec, et refusé de le pratiquer. Développer de grandes maisons d'édition littéraire implique nécessairement de bâtir, à travers le temps, de grands fonds littéraires constitués de l'ensemble de l'œuvre d'un certain nombre d'écrivains majeurs. Les écrivains québécois et la littérature québécoise ont besoin de telles maisons. Comme les écrivains ont intérêt à voir leurs œuvres réunies dans une même maison, qui sera alors puissamment motivée à en assurer le rayonnement et la pérennité. J'ai trop vu d'écrivains qui, après avoir dispersé leurs livres chez une kyrielle d'éditeurs, se désolaient, le soir de leur vie venu, de n'en trouver aucun qui s'en occupât réellement.

Au cours de la décennie où je pris les décisions éditoriales au sein du groupe que je dirigeais, je crois bien avoir connu à peu près tous les scénarios imaginables. Il m'arriva de prendre des semaines, voire des mois, avant de donner mon accord à la publication d'un livre, comme il m'arriva de recevoir un manuscrit le matin, de le lire en après-midi et en soirée et de rencontrer l'auteur le lendemain pour signer le contrat d'édition. Il m'arriva, par simple manque de place dans mon programme et pour ne pas desservir des auteurs prometteurs, de refuser des manuscrits en sachant pertinemment qu'ils seraient publiés ailleurs, ce qui ne manqua jamais de se produire à chaque saison littéraire, comme il m'arriva de référer à d'autres éditeurs de très bons auteurs et d'excellents manuscrits qui ne s'inscrivaient pas, par exemple, dans nos collections. C'était notamment le cas des romans policiers et de science-fiction – genres que nous n'éditions pas – et que j'envoyais systématiquement aux Éditions Alire qui font un boulot remarquable dans ces créneaux.

Il m'arriva de suivre à tort les recommandations d'un collaborateur, par exemple quand Jean-Yves Soucy me convainquit de publier un essai du très antipathique «Doc» Mailloux qui se révéla être un bide total, comme il m'arriva au contraire de passer outre à leurs objections quand je décidai notamment, contre l'avis de tous, d'aller de l'avant avec le projet d'Henriette Major d'une anthologie[3] de la poésie québécoise destinée aux enfants, qui devint un best-seller. Il m'arriva même de refuser un auteur que j'aurais adoré publier mais que j'aimais trop pour ne pas le persuader de demeurer au sein de la maison qui avait édité ses autres ouvrages[4].

Mais la plupart du temps, c'est en plein accord avec mon équipe que je prenais la décision de publier ou de ne pas publier un manuscrit et, à quelques exceptions près, il ne m'est pas arrivé souvent de regretter ces choix que

---

3. *Avec des yeux d'enfant*, une coédition l'Hexagone – VLB éditeur, 2000.
4. Il s'agit de Marc Favreau qui me proposa un jour une pièce de théâtre que son éditeur – Alain Stanké pour ne pas le nommer –, qui avait pourtant fait des bénéfices avec ses autres livres, refusait de publier. Je lui fournis les arguments qui lui permirent de forcer la main à son éditeur ingrat.

je faisais, par ailleurs, sans trop d'état d'âme. Et cela, même quand je recevais par la suite des lettres de reproche ou de menace d'auteurs refusés, ce qui était somme toute plutôt rare et, dans tous les cas, ô combien vain !

* * *

Les décisions prises et le programme éditorial établi, les auteurs, refusés ou acceptés, doivent maintenant être prévenus. Dans son jubilatoire roman *La petite marchande de prose*, Daniel Pennac a imaginé que son héros, Benjamin Malaussène, occupait la fonction de bouc émissaire professionnel dans une maison d'édition. C'est lui qui devait annoncer les mauvaises nouvelles aux auteurs et recevoir, en lieu et place de l'éditeur, leurs récriminations. J'aurais peut-être dû créer un tel poste au groupe Ville-Marie Littérature, tellement semblait pénible à mes collaborateurs – comme c'est d'ailleurs le cas, m'a-t-on dit, dans bon nombre de maisons d'édition – la tâche d'informer de notre verdict les auteurs refusés.

Quand il s'agissait d'auteurs inconnus d'un premier livre impubliable, cela se faisait sans trop de douleur. Nous nous contentions de leur envoyer une brève lettre standardisée, évidemment frustrante, pour les informer de notre décision. La plupart d'entre eux étaient bien sûr amèrement déçus. Plusieurs réclamaient avec force que nous détaillions les motifs de notre refus, voire que nous retournions leur manuscrit annoté de conseils d'écriture. Or, au nombre de manuscrits que nous recevions et que nous refusions chaque année, il m'était impossible d'accéder à ces demandes. Cinq employés à temps plein n'auraient pas suffi à la tâche.

Allions-nous de surcroît leur expliquer ce que notre refus leur épargnerait sans doute : les affres de la révision, de la correction et de la production de leur manuscrit, leur désappointement quand des gens qu'ils croyaient leurs amis ne se présenteraient pas au lancement de leur livre et que les autres prendraient rarement la peine de le lire, leur désarroi face à l'absence de critique ou leur déception devant la teneur de celle-ci, leur désabusement quand ils verraient le peu de place que leur consentiraient les libraires, leur déconvenue quand, recevant d'aventure un prix littéraire, ils constateraient que celui-ci n'a aucun impact sur les ventes, leur désillusion quand ils verraient le nombre d'invendus, leur désenchantement quand, généralement trois mois après sa sortie, leur livre sombrerait dans l'oubli général ?

La tâche d'informer de notre refus de publication les auteurs connus ou, pire encore, attachés à nos maisons, se révélait infiniment plus ardue. Au groupe Ville-Marie Littérature, cette responsabilité incombait en principe aux directeurs littéraires, qui avaient élaboré différentes ruses pour s'y soustraire. L'une de ces ruses, utilisée par Jean Royer quand il était directeur littéraire de l'Hexagone, était simplement de faire le mort : pas de lettre, pas de réponse, pas de retour d'appel, pas de rencontre, jusqu'à ce que l'auteur, découragé après des mois ou des années d'attente angoissante, s'en aille voir ailleurs. Une autre tactique, mise au point par Jean-François Nadeau quand il assuma la succession de Royer, consistait à refiler à un adjoint ces désagréables missions : « Écoute, je suis complètement débordé ces jours-ci. Aurais-tu la gentillesse d'appeler untel pour lui dire que nous ne retenons pas son manuscrit ?» Une troisième méthode, pratiquée par Jean-Yves Soucy comme directeur littéraire de VLB éditeur puis comme directeur littéraire de la fiction, était de ne pas refuser le manuscrit mais de demander plutôt une réécriture. Je l'ai vu faire reprendre quatre fois un roman avant de trouver le courage de dire à son malheureux auteur qu'il ne le publierait pas.

Devant la répugnance manifestée par mes directeurs littéraires à faire face à la musique, il finit par m'incomber plus souvent qu'autrement de parler aux auteurs refusés. Ce n'était bien entendu jamais une partie de plaisir. Ma façon de faire était simple et claire : être franc et donner l'heure juste. Et s'il arriva à quelques reprises que des auteurs n'acceptent ni ne me pardonnent ma décision et me quittent pour un « meilleur » éditeur, il advint bien plus souvent, une fois le premier moment de légitime déception passé, que les auteurs concernés me téléphonent ou m'écrivent un peu plus tard pour me remercier de les avoir empêchés de publier un mauvais livre qui n'était pas à la hauteur de leur talent littéraire.

* * *

Cette politique de « l'heure juste » était aussi la mienne avec les auteurs acceptés quand venait le moment de négocier leur contrat d'édition. Pas moins de six cents fois en dix années je me suis enfermé dans mon bureau avec un auteur pour décrypter – rapidement quand il s'agissait d'un auteur expérimenté, longuement quand c'était un nouveau venu – le jargon juridique de notre contrat, expliquant chacune des réalités qui se cachaient derrière les innombrables et parfois obscures clauses qu'il contenait, pour leur décrire ensuite avec force détails les étapes successives de la production, de la parution et de la diffusion d'un livre et les efforts que nous allions déployer pour réunir autant que faire se peut les conditions du succès de la publication, et pour dissiper enfin les extraordinaires illusions qu'un nombre étonnant d'entre eux cultivaient au sujet du milieu du livre, surtout quant aux possibilités de traduction en d'autres langues et de rayonnement international de leur œuvre. J'ai consacré des milliers d'heures de ma vie à cette entreprise « éducative » toujours à recommencer…

À une certaine époque, la négociation des contrats avec les auteurs se fit plus laborieuse. L'Union des écrivaines et écrivains québécois (UNEQ) s'étant entichée de l'idée quelque peu absurde d'imposer un contrat-type aux éditeurs et en ayant malencontreusement confié la rédaction des termes à un avocat aussi paranoïaque qu'ignorant des réalités du monde du livre, certains jeunes auteurs débarquaient dans mon bureau avec des revendications plutôt délirantes. Pour ne citer qu'un exemple, il aurait fallu, à les entendre, que la maison d'édition leur verse des droits d'utilisation de leur image quand elle mettrait leur photographie sur les publicités faisant la promotion de leur livre ! Je dois avouer que, dans ces moments-là, mes talents d'éducateur et ma patience venaient parfois à faire défaut, au point même de me faire douter de ma vocation d'éditeur !

Mais, en définitive, j'ai négocié et signé en dix ans quelque six cents contrats d'édition, ce qui n'est pas rien, et j'éprouve une certaine fierté à pouvoir écrire ici que je les ai tous respectés et qu'aucune de ces ententes ne fit jamais l'objet d'une quelconque contestation devant les tribunaux.

* * *

Le contrat signé, le travail de révision du texte peut commencer. Il n'est pas nécessaire pour tous les manuscrits, bien entendu. En poésie, par exemple, il serait pour le moins hasardeux de confier à une autre personne que l'auteur la responsabilité d'intervenir sur le contenu ou sur la forme. C'est en amont, avant que le projet ne soit accepté par l'éditeur, qu'un directeur de collection compétent et consciencieux peut intervenir auprès du poète pour lui suggérer des coupures, des ajouts, des réécritures. En théâtre, comme nous n'éditions que des pièces déjà jouées, il ne pouvait être question de demander au dramaturge d'en modifier ni le contenu ni la forme. De la même façon, dans le cas de la réédition d'une œuvre d'un auteur décédé et malgré la tentation qui peut parfois se présenter d'améliorer ladite œuvre, un éditeur éthique s'interdit toute intervention autre que la correction des coquilles. Enfin, bien qu'il s'agisse d'exceptions qui confirment la règle, certains manuscrits de romans ou d'essais sont si bien écrits qu'ils ne nécessitent aucune révision digne de ce nom et peuvent de ce fait passer directement à l'étape de l'infographie et de la correction d'épreuves.

La révision d'un manuscrit est toujours, d'une certaine façon, une confrontation entre les inventeurs de la langue – française en l'occurrence – que sont les écrivains et les gardiens de l'orthodoxie de cette même langue que sont les réviseurs. Les uns sont des créateurs qui, heureusement, s'autorisent toutes les libertés avec celle-ci, imagi-

Traité de premiers soins • 211

nant de nouvelles structures, de nouvelles images, de nouveaux mots. Les autres sont des conservateurs avertis et attentifs qui, tout aussi heureusement, préservent et défendent les traditions, les règles et les normes. Quand elle est réussie, c'est la rencontre dynamique entre ces deux pôles qui produit les meilleurs livres. Deux conditions, pas toujours évidentes, doivent cependant être réunies : que l'écrivain et le réviseur respectent et acceptent le rôle de l'autre ; que l'écrivain, dûment informé par le réviseur des transgressions linguistiques qu'il introduit dans son œuvre, ait en toute connaissance de cause et en bout de course le dernier mot.

Pendant plusieurs années au groupe Ville-Marie Littérature, avant que l'accroissement de nos revenus ne me permette d'embaucher des ressources pour assumer cette tâche à l'interne, l'essentiel du travail de révision était confié à des pigistes. Nous avions alors la chance de compter sur quelques réviseurs compétents, parmi lesquels Jocelyne Dorion était sans contredit et de loin à la fois la plus utilisée et la meilleure. Son extraordinaire érudition, sa maîtrise de la langue française et la pertinence de ses observations nous éblouissaient et forçaient l'admiration des auteurs les plus méfiants. Mais d'autres réviseurs avaient tendance à normaliser à l'excès, ce qui avait comme conséquence fâcheuse de nous obliger parfois à rétablir le texte initial pour préserver son originalité et sa créativité. Par ailleurs, plusieurs développaient avec le temps une certaine attitude hautaine, méprisante même, envers tous ces écrivains qu'ils corrigeaient à longueur de journée, se permettant à la fin d'annoter les manuscrits qu'on leur confiait de commentaires de plus en plus acerbes, du genre « Et cet auteur a vraiment obtenu un doctorat ? », ce qui ne manqua pas de provoquer la furie de certains écrivains et de soulever des incidents délicats à gérer !

Par la suite, ce furent la plupart du temps les directeurs littéraires, en particulier Jean-Yves Soucy pour le roman et Robert Laliberté pour l'essai, qui assumèrent ce travail. Le fait qu'ils soient tous deux écrivains les rendait plus respectueux de l'œuvre et facilitait leurs relations avec leurs « victimes » plus ou moins consentantes.

Car les auteurs ne réagissent pas tous de la même manière à ce douloureux bien que nécessaire peaufinage de leur texte. Les manuscrits qu'ils livrent à l'éditeur sont également dans des états pour le moins variables. Certains écrivains – je pense notamment à la romancière Pauline Gill – ont l'habitude d'envoyer leur livre chapitre par chapitre, attendant avec plus ou moins de patience les commentaires de la maison sur le développement de l'intrigue, le caractère des personnages, la qualité des dialogues, avant de s'atteler au chapitre suivant. D'autres – l'essayiste Hervé Fischer est de ceux-là – préfèrent plutôt y aller d'un premier jet spontané et complet et ne se rebiffent pas à la perspective de réécrire parfois, après révision, plusieurs versions du livre. D'autres encore – le romancier Dany Laferrière fait partie de cet heureux groupe – font confiance au professionnalisme de leur éditeur et jettent à peine un regard sur leur texte révisé. D'autres, par ailleurs – la poète Hélène Dorion en est le plus pur exemple –, effectuent eux-mêmes la révision de leur manuscrit, qu'ils remettent dans un état quasi parfait. D'autres enfin – je songe ici à la romancière Nadine Grelet

– sont si convaincus de la qualité de leur écriture qu'ils défendent leur texte mot à mot et mènent avec acharnement la «bataille» de la révision jusqu'à la dernière virgule vivante, au risque de pousser au désespoir leur réviseur, sinon de l'inciter à l'homicide!

J'avais beau prévenir systématiquement les auteurs que le fait de confier leur manuscrit à des professionnels appelés à faire un indispensable travail éditorial sur celui-ci est un acte de *modestie* de leur part qui met nécessairement à rude épreuve leur sens de l'*humilité*, certains d'entre eux n'avaient manifestement aucune notion de la signification de ces deux concepts.

Une décennie d'édition m'a heureusement appris que la plupart des vrais écrivains, tout particulièrement les meilleurs d'entre eux, se prêtent de bonne grâce, avec patience, rigueur et élégance, à cet exercice de révision qui a pour finalité et comme résultat de bonifier leur œuvre, ce dont ils ont toutes les raisons du monde de se réjouir.

* * *

L'étape de la révision franchie, le manuscrit, réputé alors final, peut enfin être confié à un infographe qui le mettra en pages suivant des normes – format, type de caractères, interlignage, miroir de page, etc. – qui varient selon les collections. Les premières années où je dirigeais le groupe Ville-Marie Littérature, nous confiions à l'équipe de production du groupe Sogides auquel nous appartenions la réalisation de cette tâche. Malheureusement, leur mode d'organisation du travail faisait en sorte que chacun de leurs infographes travaillait à la fois, en fonction d'un partage des dossiers et d'un calendrier de priorités qui échappaient à notre contrôle, sur plusieurs livres des diverses maisons d'édition[5] du groupe. Leurs connaissances de nos collections propres et de nos échéanciers spécifiques, de même que leurs préoccupations quant à la qualité de nos livres, s'avéraient, pour dire le moins, incertaines et fragiles, de sorte que les retards et les erreurs étaient nombreux. Après avoir fait de multiples et infructueuses tentatives pour corriger la situation, je pris la décision de mettre un terme à cette collaboration et d'utiliser plutôt les services d'un infographe contractuel, Michel Fleury, dont nous serions le principal client et qui serait formé à nos façons de faire. La qualité de notre production s'en trouva immédiatement et grandement améliorée. Les premières épreuves que nous recevions étaient désormais d'une tenue remarquable.

Ces premières épreuves, nous les confiions pour lecture et correction à une équipe de correctrices pigistes dont certaines, il faut le dire, travaillaient pratiquement à temps plein pour nos maisons. J'utilise ici sciemment le mot «correctrices» car, en dix années d'édition, je n'ai jamais rencontré un seul homme capable de faire adéquatement ce travail qui demande une patience, une concentration et une attention aux détails hors du commun. Jean-Yves Soucy avait développé une théorie qui me faisait bien rire pour expliquer ce phénomène. Il prétendait que les hommes, historiquement conditionnés à scruter les grands espaces pour repérer à l'horizon les troupeaux

---

5. Outre les maisons du groupe Ville-Marie Littérature (l'Hexagone, VLB éditeur et Typo), le groupe Sogides comprenait les Éditions de l'Homme, Le Jour éditeur, les Presses Libres et Utilis.

de mammouths, ne pouvaient rivaliser dans ce domaine avec les femmes qui s'étaient consacrées pendant des millénaires à la cueillette des petits fruits!

Après une certaine période où ce même Jean-Yves Soucy assuma cette fonction, ce fut Marie-Claude Barrière qui, avec l'aide d'une adjointe[6], coordonna l'équipe de correctrices du groupe Ville-Marie Littérature. Sa tâche était considérable et plutôt stressante. Comme nous avions en permanence, au bas mot, une trentaine de livres en production, elle devait gérer dans l'espace et dans le temps un trafic perpétuel entre des auteurs inquiets, des directeurs littéraires pressés, un infographe souvent débordé, des correctrices parfois indisponibles, des graphistes surmenés et des imprimeurs rigides, jongler de surcroît avec des budgets et des échéanciers toujours trop serrés à son goût et inévitablement bousculés par des retards de toute nature, ménager aussi les susceptibilités et subir les humeurs des uns et des autres, tout cela sous la pression d'un éditeur souvent trop pris par la direction d'ensemble ou trop emporté sur les ailes de sa passion littéraire pour être suffisamment à l'écoute de ses problèmes et de ses besoins.

Perfectionniste, travaillante et dévouée à un niveau que j'ai rarement observé chez d'autres personnes, Marie-Claude Barrière faillit se rendre littéralement malade les premières années à force de relire en secret, le soir et les week-ends, les épreuves corrigées par d'autres pour s'assurer qu'elles n'avaient pas laissé échapper la moindre

---

6. Trois femmes, d'une compétence qui mérite d'être signalée, occupèrent successivement cette fonction : Céline Vangheluwe, Sabine Schir et Lucie Laurin.

coquille. Avec le temps, elle apprit à calmer un peu ses ardeurs, à faire confiance à ses collaboratrices et à prendre une saine distance avec son boulot. Elle fut l'un des piliers du groupe Ville-Marie Littérature à l'époque où je le dirigeai et contribua de façon significative aux succès que celui-ci connut alors.

Les correctrices ne lui facilitaient pas toujours la tâche. De la même façon que nombre de réviseurs se prennent pour des écrivains, plusieurs correctrices se prennent à l'occasion pour des réviseurs et s'autorisent, par exemple, des interventions sur le contenu et sur le style à une étape où ces questions ont déjà été tranchées par les auteurs et les directeurs littéraires. Quand cela se produisait, des conflits éclataient entre les uns et les autres et je dus parfois intervenir pour imposer l'autorité des directeurs littéraires et surtout celle des écrivains, exaspérés à juste titre par ces remises en question sans fin de leur œuvre. Bien sûr, on peut toujours améliorer un texte. Il existe d'infinies manières de dire les choses. Apportez-moi n'importe quel livre et je vous le réécrirai de la première à la dernière page mais je ne suis pas certain qu'en bout de course, j'aurai réussi à faire autre chose qu'à déposséder son auteur de sa voix particulière et originale.

Les auteurs, à qui nous envoyions bien entendu les premières épreuves pour qu'ils les relisent, n'étaient pas toujours non plus d'une pratique commode. Les universitaires, notamment, se caractérisent tristement pour plusieurs par un manque de rigueur étonnant quant aux bibliographies, références, notes et citations dont ils alourdissent pourtant allègrement leurs essais. Je me souviens en particulier d'un ouvrage collectif sur l'œuvre de Gaston

Miron dans lequel plus de la moitié des citations étaient inexactes ! Par ailleurs, pour des raisons mystérieuses, certains auteurs – heureusement pour la santé mentale des éditeurs, une faible minorité – n'arrivent à avoir une perception claire de leur œuvre qu'au moment où celle-ci est mise en épreuves. Ils voudraient alors modifier l'ordre des chapitres, en changer les titres, procéder à des ajouts ou à des coupures, voire réécrire des pans entiers de l'ouvrage. J'en ai connu qui trouvaient le moyen de réduire à néant l'extraordinaire travail de révision qui avait été accompli précédemment, réintroduisant au moment de la correction les formulations fautives, les expressions inadéquates et les anglicismes patiemment supprimés auparavant. J'en ai connu d'autres, bien sûr, qui discutaillaient sans fin autour de la moindre correction proposée, mettant à rude épreuve la patience pourtant angélique de notre équipe. J'en ai connu enfin quelques-uns, apparemment désintéressés de leur livre une fois l'étape de la révision franchie, après qui il fallait courir pour récupérer leur copie des épreuves. Mais bon, tous ceux-là représentaient, vous vous en doutez bien, des exceptions et dans l'ensemble c'était toujours avec le sourire et en chantant que nous franchissions avec les écrivains cette délicieuse épreuve de la correction des premières, des deuxièmes, des troisièmes, parfois même des quatrièmes épreuves !

* * *

Plusieurs maisons d'édition mettent à profit la période pendant laquelle se font la révision du manuscrit, l'infographie et la correction des épreuves pour, en parallèle, préparer la couverture des livres. Au groupe Ville-Marie Littérature, comme nous publiions au début de chaque saison un catalogue de nouveautés que nous faisions parvenir aux médias, aux bibliothèques et aux librairies avant de le diffuser dans un deuxième temps auprès du grand public au moyen d'encarts dans certains magazines et journaux, nous ne pouvions procéder ainsi. Il nous fallait, bien avant que le travail sur les manuscrits et les épreuves ne soit achevé, parfois même avant de recevoir les premières versions des auteurs, établir le titre définitif de l'ouvrage, concevoir et réaliser la page couverture, commander une photographie de l'auteur et, enfin, rédiger la notice biographique de même que le texte de présentation du livre qui paraissent en quatrième de couverture. Il était loin d'être toujours évident de mener de front, deux fois par année pendant une période d'environ deux mois, l'ensemble de ces étapes pour la trentaine de livres que nous éditions chaque saison. C'était d'autant moins évident que, contrairement à plusieurs maisons d'édition qui tiennent leurs auteurs[7] à l'écart de ce processus, notre politique était d'associer ceux-ci à chacune des étapes. Nous décidions d'un commun accord du titre du livre. Nous choisissions avec eux la photographie qui les représenterait. Nous leur soumettions pour approbation la page couverture, le texte de présentation et la notice biographique.

Rares cependant sont les auteurs qui sont de bons titreurs. Dans la plupart des cas, on peut dire, inversant

---

7. Dans certains cas, les auteurs ne voient la page couverture de leur livre qu'au moment de sa parution, comme tout le monde.

la formulation consacrée, que la forêt de leur manuscrit leur cache l'arbre du titre. Comme je ne m'en tirais pas trop mal dans ce domaine, c'est vers moi que se tournaient les auteurs et les directeurs littéraires quand ils n'arrivaient pas à trouver un titre satisfaisant. J'ai toujours prétendu que le titre se trouve dans le manuscrit et j'ai développé une méthode spécifique de lecture de celui-ci qui est centrée sur la recherche du titre et qui me permet, assez rapidement, de le repérer. Ainsi, quand j'éditai le premier roman de la saga *La cordonnière* de Pauline Gill, nous étions en face d'une liste d'une vingtaine de projets de titre, tous trop longs, trop convenus, trop « fleur bleue ». Je repris la lecture du manuscrit et, dès les toutes premières pages, je tombai sur cette expression « la cordonnière » qu'utilise l'auteure pour décrire son personnage principal. L'affaire était dans le sac !

Si la rédaction des textes de présentation et des notices biographiques qui, dans nos maisons, était assumée par les directeurs littéraires se déroulait généralement rondement, il en était tout autrement de la conception des couvertures. D'abord, il nous fallait parfois user de haute diplomatie pour dissuader les auteurs de faire appel aux services de leur cousine ou de leur voisine qui faisait de la peinture du dimanche et qui leur avait généreusement proposé leur « œuvre » ! Ensuite, il nous incombait, avec l'aide de l'équipe de graphistes souvent débordée du groupe Sogides qui réalisait nos couvertures, de mener à bien la recherche d'une image – peinture, illustration, photographie – qui, assortie au titre et au contenu du livre, serait suffisamment « punchée » pour se démarquer dans la jungle des librairies et attirer le regard du lecteur éventuel.

J'ai toujours voulu favoriser dans cette recherche les œuvres des artistes québécois. Malheureusement, alors que les éditeurs québécois ont facilement accès, sur Internet ou sur cédérom, à des banques de milliers d'œuvres américaines disponibles rapidement à des coûts abordables, mettre la main sur une œuvre québécoise et acquérir le droit de l'utiliser se révèlent presque toujours plus onéreux et relèvent d'un pénible et dissuasif parcours du combattant. Enfin, s'il est un domaine qui tient de la subjectivité, c'est bien celui des opinions en matière d'art visuel. Je me suis amusé pendant dix ans à soumettre systématiquement aux employés du groupe Ville-Marie Littérature les divers projets de page couverture que nos graphistes nous concoctaient pour un même livre et, neuf fois sur dix, les avis étaient radicalement partagés, de sorte qu'en définitive je finissais par imposer mon choix, me fiant, les rares fois où j'étais vraiment dans l'expectative, au jugement de notre directrice des communications d'alors, Simone Sauren, qui a un sens inné de l'esthétisme.

* * *

Ce lent et parfois fastidieux processus d'édition d'un livre que je viens de décrire prend, sauf exceptions, plusieurs mois à se réaliser. La plupart des auteurs que j'ai connus vivaient relativement bien cette période, se pliant de bonne grâce à nos exigences. Certains, toutefois, n'en pouvaient plus de stress et d'angoisse. Quand il avait un livre en gestation, l'essayiste Michel Dorais, par exemple, venait passer des journées entières au bureau à l'époque où il habitait encore Montréal, nous harcelant du matin au soir de ses inquiétudes compulsives. Quand il devint professeur à l'Université Laval, il se trouva, à son corps défendant, dans l'obligation de remplacer ses visites quotidiennes par d'innombrables et journaliers appels téléphoniques qu'il doublait d'envois de télécopies et de courriels pour être bien certain que nous partagions ses douleurs prénatales. L'écrivain Jean Charlebois était du même acabit. Il poussait l'anxiété jusqu'à attendre le matin l'arrivée du premier employé qui lui ouvrirait enfin la porte de la salle d'accouchement de son livre où il rôderait pendant des heures dans un état frôlant la panique. Il lui arriva même un jour de passer par-dessus ma tête pour appeler notre imprimeur afin de s'assurer que celui-ci s'occupait correctement de son bébé !

Sur les couvertures de livre, il y a toujours deux noms : celui de l'auteur et celui de la maison d'édition. Qu'ils soient d'un naturel serein ou angoissé, tous les auteurs doivent se faire à l'idée qu'à partir du moment où ils remettent leur manuscrit à un éditeur, ce manuscrit leur échappe. De la révision à l'impression, il passera entre les mains de nombreux professionnels qui en feront un véritable livre. Les auteurs devront vivre avec cette dépossession. Et cette dépossession ne cessera de s'accroître avec le temps car, enfin publié, leur livre se retrouvera soumis à la bonne volonté de représentants commerciaux qui le défendront avec plus ou moins d'intérêt et de succès, de libraires qui le mettront en vitrine ou l'oublieront dans l'entrepôt, de bibliothécaires qui l'offriront à leurs abonnés ou s'abstiendront de le commander, de critiques qui l'encenseront ou le voueront aux gémonies, de jurys de prix littéraires qui le retiendront ou l'ignoreront, de professeurs de littérature qui le mettront à l'étude ou le méconnaîtront, de lectrices et de lecteurs enfin qui, si par bonheur ils l'achètent, en feront leur livre de chevet ou le céderont à vil prix au bouquiniste du coin.

Sur tous ces gens qui constituent ce qu'il est convenu d'appeler la chaîne du livre, l'éditeur, malgré l'intelligence, les efforts et la persévérance qu'il déploiera, n'aura jamais qu'une influence fragile et aléatoire. Lui aussi vivra à sa façon cette terrible dépossession.

Alors, chères écrivaines, chers écrivains, que vous soyez de ceux qui sont refusés ou de ces heureux élus qui sont acceptés, je vous en conjure : ne jetez pas trop brutalement la pierre aux éditeurs littéraires qui, le plus souvent avec passion et sans beaucoup de moyens, se battent avec acharnement, jour après jour, contre vents et marées, pour assurer la publication et le rayonnement de notre littérature.

Le livre fermé

Une passion amoureuse dure généralement, selon les spécialistes de cette «affection», plus ou moins six mois. Ma passion littéraire, intense et exigeante, épuisante mais enthousiasmante, aura persisté une décennie entière, et cela, uniquement dans sa phase «groupe Ville-Marie Littérature» puisque, plusieurs années après mon départ de la direction de ce groupe et malgré tous mes efforts de désintoxication, cette passion semble s'avérer incurable.

* * *

Diriger une maison d'édition littéraire au Québec est tout sauf une sinécure. En diriger trois relève carrément du masochisme. Jamais de repos, jamais de répit. Rares sont les matins où, avant même de partir pour le boulot, il n'y a pas un manuscrit à lire, un document à préparer, un texte à écrire. Et, après les neuf ou dix heures passées au bureau à coordonner l'administration, la production, les communications, à gérer les problèmes de personnel, à recevoir les écrivains attachés à l'une ou l'autre des maisons, à voir s'allonger la liste des appels téléphoniques à rendre dont on ne vient jamais à bout et celle des innombrables courriels auxquels il faudra bien un jour répondre, rarissimes sont les soirées où il n'y a pas un lancement, une lecture, une conférence, une remise de prix auxquels on est tenu, sinon de prendre la parole, du moins de faire acte de présence. Les week-ends, quant à eux, sont trop souvent consacrés à tenir des stands dans des salons du livre ou occupés par d'urgents travaux à réaliser sur des livres en retard sur leur échéancier.

Au début de 2004, après huit années de travail acharné à la tête de ma « manufacture de prose », de ma « fabrique d'idées », de mon « usine de poésie », au lendemain de cette folle année 2003 où j'avais de surcroît organisé et animé pas moins de treize événements pour souligner le cinquantenaire de l'Hexagone, je n'aspirais qu'à une chose : faire une pause, reprendre mon souffle, me ressourcer. Je n'avais qu'un rêve : lire tranquillement un livre – n'importe quel livre pour autant que je n'en sois pas l'éditeur ! –, de préférence en sirotant doucement un verre de rosé à la guinguette du jardin du Luxembourg à Paris...

Pourtant, en tant que gestionnaire, mon sort n'avait cessé de s'améliorer au fil des ans. Alors que, les premiers temps, situation financière oblige, je devais composer avec une équipe réduite et assumer seul les nombreuses et fastidieuses tâches administratives – préparation des contrats, suivi des droits, élaboration des budgets, autorisation des paiements de factures, demandes de subventions, etc. –, l'accumulation de succès commerciaux m'avait permis d'embaucher une adjointe pour me soulager de cette « cuisine » aussi indispensable qu'astreignante. Après une première expérience ratée avec une personne qui n'était ni heureuse ni performante dans cette fonction, j'avais eu le bonheur de profiter pendant quelques mois des services de ma fille aînée Rosalie qui, avec son admirable sens de l'organisation, m'avait aidé à mettre en place un ensemble de procédures administratives plus efficaces. Puis j'avais eu la chance de recruter enfin une adjointe de rêve, Josée Lewis, extraordinairement compétente, parfaitement autonome, toujours calme, toujours de bonne humeur. Pendant plusieurs années, en fait jusqu'à mon départ à la fin de 2005, elle facilita considérablement ma vie professionnelle et fut d'un apport indiscutable au développement du groupe Ville-Marie. Mais, paradoxalement, ce développement même entraînait pour moi des responsabilités nouvelles ainsi qu'un accroissement continu de ma charge de travail déjà trop lourde.

Par ailleurs, j'avais pu bénéficier pendant sept ans d'une véritable complicité professionnelle avec André Massicotte, vice-président exécutif du groupe Sogides. Et, dans les faits, c'était essentiellement avec cet homme que je gérais les rapports entre le groupe Ville-Marie Littérature et son propriétaire. Car, en réalité, je voyais fort peu Pierre Lespérance, peut-être trois ou quatre fois par année pour faire le point sur mes orientations stratégiques. Dans les opérations courantes, quand je devais informer la direction de Sogides de certaines de mes décisions ou que je jugeais approprié de la consulter avant de les prendre, c'était toujours à André Massicotte, l'homme de confiance de Pierre Lespérance depuis trente ans, que je m'adressais. Bien que nous fussions aux antipodes sur le plan idéologique, nous avions développé une excellente relation fondée sur le respect de mon autonomie éditoriale et administrative, la confiance mutuelle et le pragmatisme. Il nous suffisait la plupart du temps d'une brève conversation téléphonique pour régler, toujours à l'amiable, les problèmes qui se présentaient. Malheureusement, il mourut, en avril 2003, d'un accident bête qui avait mal tourné. Il fut remplacé quelques mois plus tard par Céline Massicotte, une gestionnaire qui avait fait carrière dans des entreprises manufacturières et de services, qui ne connaissait alors ni le milieu du livre ni les enjeux particuliers de l'édition littéraire et avec qui, fort malheureusement, je n'avais pas d'atomes crochus. Je sentais déjà confusément, au début de 2004, que les règles du jeu pouvaient changer et que le climat de coopération et de confiance qui avait prévalu depuis mon arrivée risquait de se refroidir.

À l'encontre de la plupart des personnes actives dans le milieu littéraire qui se méfient comme de la peste des grands groupes d'édition et de diffusion du livre, j'ai toujours eu une opinion plus nuancée à ce sujet. Par exemple, je me suis réjoui de la création il y a quelques années – grâce à l'appui de la Société de développement des entreprises culturelles et du Fonds de solidarité de la FTQ – de la chaîne québécoise de librairies Renaud-Bray. Si ce groupe n'avait pas vu le jour et si le groupe Archambault ne s'était pas développé, ce sont de grandes chaînes canadiennes comme Chapters ou françaises comme la FNAC qui auraient occupé le terrain. Elles s'y préparaient d'ailleurs activement. Je crois que ni la littérature québécoise ni l'édition québécoise du livre dans son ensemble ne seraient sorties gagnantes d'une telle mainmise de groupes étrangers sur la diffusion des livres sur notre territoire national. Parlez-en aux cinéastes et aux producteurs de films québécois obligés de composer avec les multinationales américaines qui contrôlent les circuits de distribution au Québec! Cela n'enlève, par ailleurs, absolument rien au rôle indispensable que jouent les librairies indépendantes dans notre vie culturelle et à la nécessité – que j'ai toujours reconnue – d'une intervention consistante et constante de l'État québécois pour assurer la pérennité de ces librairies et le maintien d'un réel équilibre entre les deux réseaux[1].

Il en va de même, à mon avis, dans l'édition où il y a place à la coexistence pacifique et complémentaire de grands groupes et de maisons indépendantes. À la condition, encore là, que l'État joue pleinement son rôle régulateur. De surcroît, l'appartenance à un grand groupe d'édition n'est pas en soi synonyme de désastre pour une maison littéraire. En France, par exemple, de grandes et vieilles maisons d'édition littéraire connaissent une nouvelle jeunesse et une réelle prospérité à la suite de leur acquisition par un groupe majeur. Ici même, le développement du groupe Ville-Marie Littérature entre 1996 et 2005, sous ma gouverne et avec le soutien du groupe Sogides, témoigne de cette possibilité. Deux conditions fondamentales doivent toutefois prévaloir : la

---

1. Indépendantes ou regroupées en chaînes, les librairies ont d'ailleurs un « adversaire » commun qui leur fait à toutes le plus grand mal : les grandes surfaces, qui coupent outrancièrement les prix sur les quelques best-sellers qu'elles vendent. Elles devaient joindre leurs efforts pour obtenir l'instauration au Québec d'une politique du « prix unique » comme il en existe dans nombre de pays européens.

compréhension par le groupe propriétaire de la mission spécifique des maisons littéraires qu'il possède et son respect intégral de l'autonomie éditoriale de ces maisons. Or, au début de l'année 2004, je n'étais plus certain que la direction de Sogides partageait avec autant de conviction que par le passé mes opinions à ce sujet.

* * *

Malgré ma fatigue récurrente, en dépit de mes inquiétudes quant à l'avenir de nos maisons, il me fallait aller de l'avant. Le rythme effréné de la vie littéraire où se succèdent et se bousculent les échéanciers et les événements contraignants ne laisse guère de place à l'exploration des états d'âme et au déploiement des crises existentielles. Les livres du printemps devaient être produits, imprimés, diffusés. La saison de l'automne devait être mise en train. Les contrats devaient être signés, les demandes de subvention expédiées, les catalogues rédigés, les campagnes de presse préparées, les salons du livre planifiés.

Qui plus est, l'année 2004 était celle du vingtième anniversaire – encore un anniversaire! – de l'une des trois composantes du groupe Ville-Marie: les éditions Typo. Fondée en 1984 par Alain Horic et Gaston Miron, cette maison avait à son actif, après deux décennies d'existence, quelque cent quarante «classiques» de notre littérature – dont une soixantaine édités ou réédités sous ma direction –, ce qui en faisait, avec Bibliothèque québécoise, l'une des deux principales maisons d'édition de livres de poche au Québec.

Mais la maison faisait face à des problèmes de rentabilité. Trois obstacles handicapaient son développement.

D'abord, comme les étudiantes et les étudiants représentaient une bonne partie de sa clientèle, ses ventes souffraient du peu d'attention accordé à notre littérature par le système d'éducation et, plus particulièrement, de l'abolition alors récente de l'un des deux cours de littérature québécoise au niveau collégial. Ensuite, craignant de créer un précédent fâcheux pour les autres maisons qu'il possédait ou qu'il distribuait, Pierre Lespérance refusait de m'autoriser à proposer aux libraires – comme le faisait pourtant avec succès la maison « concurrente », Bibliothèque québécoise – de garder en consignation, dans des présentoirs, l'ensemble de la collection Typo, ce qui affaiblissait sa présence et sa visibilité auprès de la clientèle adulte. Enfin, persistant à considérer la maison Typo comme une simple collection de l'Hexagone – ce qu'elle avait été à ces débuts –, le Conseil des Arts du Canada lui déniait avec obstination le droit à une subvention spécifique, ce qui la défavorisait par rapport à ses concurrents mieux nantis.

Malgré ces difficultés, il n'était pas question pour autant de passer sous silence l'anniversaire de cette maison qui apportait une contribution plus que notable au rayonnement de la littérature québécoise. Mais je n'envisageais tout de même pas de me lancer dans des grandes manœuvres comme je l'avais fait à l'occasion du vingt-cinquième anniversaire de VLB éditeur en 2001 et du cinquantenaire de l'Hexagone en 2003. Je n'en avais ni les moyens ni l'énergie. Je concentrai mes efforts sur la production et la diffusion d'un beau catalogue général, sur l'organisation d'une campagne de promotion en librairie et sur quelques opérations médiatiques, notamment –

grâce à la complicité amicale de sa directrice, Anne-Marie Guérineau[2] – avec l'excellente revue *Nuit blanche*, qui consacra à la maison un important dossier dans son édition estivale.

* * *

Au printemps 2004, ayant mis en marche ces projets et m'étant assuré de la qualité de nos publications automnales à venir, je m'apprêtais donc à m'offrir la pause tant espérée : un séjour de deux mois à Paris, en juin et juillet, que l'accumulation de vacances et de journées de congé qui m'étaient dues me permettait de prendre.

Quelques semaines avant mon départ, Pierre Lespérance me donna rendez-vous à son bureau. Je m'y rendis sans me douter un seul instant de la stupéfiante proposition qu'il allait me faire. « Comme tu le sais, je ne suis plus tout jeune et, mon fils n'étant pas intéressé par ce métier, je n'ai pas de relève pour prendre un jour ma place. Il me faut penser à l'avenir du groupe Sogides. J'ai pris une première décision : je veux vendre le groupe Ville-Marie Littérature et c'est à toi que je souhaite le céder », me déclara-t-il grosso modo. Je ne m'attendais tellement pas à une telle offre que j'en tombai presque en bas de ma chaise ! Il savait pourtant pertinemment – et je ne manquai pas de le lui rappeler – que je ne disposais pas de l'ombre du capital nécessaire pour envisager une telle transaction. Mais il croyait que je pourrais trouver

---

2. Je connais Anne-Marie Guérineau depuis le début des années 1970 alors que nous avons ensemble, avec Denis Lebrun et quelques autres personnes, fondé dans un élan d'idéalisme communautaire la désormais célèbre librairie Pantoute, à Québec.

les fonds auprès de certaines institutions, notamment le Fonds d'investissement de la culture et des communications, et il se montrait disposé à étaler les éventuels paiements sur une période relativement étendue. Nous discutâmes longuement de cette possibilité, en examinâmes différents aspects, avant de convenir de garder ce projet confidentiel et d'en reparler plus sérieusement à mon retour de vacances.

Je sortis de cette rencontre plus inquiet qu'enthousiaste. Il paraissait clair, d'une part, que le propriétaire de Sogides était bel et bien déterminé à se départir du groupe Ville-Marie Littérature. Si je ne parvenais pas à l'acheter, à qui l'offrirait-il ? Entre quelles mains nos maisons tomberaient-elles ? Je doutais, d'autre part, de ma capacité à réunir la somme – plutôt substantielle, compte tenu de mes ressources – qu'il me demandait. J'entrepris néanmoins d'en explorer sérieusement la faisabilité. Mettant à contribution les talents administratifs de ma fille Rosalie, je conçus et rédigeai rapidement un plan d'affaires. Je fis, en avril et en mai, une série de rencontres à ce sujet, en particulier avec les dirigeants de la Caisse d'économie de la culture et du Fonds d'investissement de la culture et des communications. Le projet se présentait plutôt mal. Alors que les uns ne semblaient guère disposés à m'avancer de l'argent que je ne pouvais garantir personnellement, les autres ne manifestaient aucun enthousiasme pour un tel investissement et, en tout état de cause, étaient bien plus préoccupés de la rentabilité de leur éventuelle mise de fonds et du contrôle qu'ils pourraient exercer sur l'entreprise que de la mission littéraire et culturelle de celle-ci.

C'est donc le cœur inquiet et l'esprit anxieux que je partis pour Paris.

. * * *

Je suis un amoureux fou de «Paname». La première fois que j'ai mis les pieds dans cette ville, j'avais dix-neuf ans. C'était en 1972. Je revenais d'un voyage qui avait duré un peu plus de huit mois et qui m'avait conduit d'Amsterdam où j'avais débarqué – muni d'un billet d'avion aller-retour qui m'avait coûté deux cents dollars et «riche» d'une somme identique en poche – jusqu'à Katmandou, en passant par la Hollande, la Belgique, l'Allemagne, la Suisse, l'Italie, la Yougoslavie, la Bulgarie, la Turquie, l'Iran, l'Afghanistan[3], le Pakistan et l'Inde, où je vécus plusieurs mois, et tout cela par la route, seul, la plupart du temps en auto-stop, dormant chez l'habitant, dans les gares ou à la belle étoile, fumant même, un soir mémorable parmi tant d'autres, du haschich en compagnie des douaniers afghans qui «gardaient» alors plutôt négligemment leur frontière avec l'Iran. Impossible d'imaginer un tel périple aujourd'hui: les fous de Dieu et leurs imbéciles guerres de religion ont tué la liberté et assassiné les rêves d'aventure de la jeunesse.

Dès ce premier séjour à Paris – cette capitale de la beauté et de la culture qui n'a, à mes yeux, nulle rivale dans le monde, cette cité rebelle toujours prête à monter aux barricades –, je m'y suis senti immédiatement et pro-

---

3. Je passai deux magnifiques semaines à Kandahar, cette jolie ville pashtoune, calme et hospitalière. On n'y croisait alors – il n'y a pourtant pas si longtemps – ni féroces talibans, ni soldats canadiens lourdement armés, ni même femmes voilées!

fondément chez moi. Vingt fois j'y suis retourné, pour le boulot ou pour le plaisir, parfois seul, parfois avec ma compagne, nos enfants, des amis, des collègues, parcourant sans jamais me lasser ses boulevards si majestueux, ses parcs si bien aménagés, ses places chargées d'histoire, ses quais envahis par les amoureux, bouquinant de longues heures dans ses librairies encombrées, m'imprégnant de sa stimulante vitalité intellectuelle, rêvassant des après-midi entiers aux terrasses de ses grands cafés en observant, la tête légère et le rire au cœur, l'incessant défilé de ses élégantes et si jolies passantes.

En juin et juillet 2004, j'avais enfin l'occasion tant rêvée d'y vivre plus qu'une semaine ou deux et, comble de joie, avec ma compagne qui avait pu également se libérer. Nous habitions un bel appartement, rue des Feuillantines, à deux pas de la Librairie du Québec, à mi-chemin entre le superbe marché Mouffetard où nous allions faire nos courses avec un plaisir sans cesse renouvelé et le splendide jardin du Luxembourg où nous passions, presque tous les jours, saluer les reines de France et méditer à la fontaine de Médicis.

Comme je suis un éternel lève-tôt – il est exceptionnel que je ne sois pas devant mon ordinateur dès cinq heures du matin –, je profitais du calme des matinées pour écrire. Je rédigeai ce texte – que j'ai déjà évoqué[4] – sur la stratégie d'actions souveraines qu'un gouvernement doté d'une véritable volonté politique devait mettre en place, à mon avis, pour réaliser l'indépendance du Québec. Je travaillai aussi à la révision des intéressants *Mémoires d'outre-Atlantique*

---

4. Voir le chapitre « Les idées mènent le monde ».

d'André Malavoy, que je m'étais engagé à éditer par amitié pour sa fille Marie et pour son petit-fils Tristan et que je publierais, chez VLB éditeur, en novembre 2004.

Puis, vers les dix heures, nous partions, la plupart du temps à pied, à la découverte de l'un ou l'autre des quartiers de Paris, nous arrêtant pour casser la croûte dans un bistro aperçu au gré de nos vagabondages. Avant notre départ, nous avions projeté de louer une voiture pendant quelques jours pour faire une excursion dans les châteaux de la Loire. Nous avions aussi songé à une courte équipée en train pour aller visiter Prague. Rendus sur place, ces envies nous passèrent, trop heureux que nous étions de goûter au jour le jour les beautés de Paris et de jouir de son incomparable qualité de vie. C'est à peine si nous allâmes, une fois, faire une petite croisière sur la Marne et, un peu plus tard, une brève «expédition» aux puces de Saint-Ouen, de l'autre côté du périphérique! Deux mois bien trop courts, mais deux mois de douce sérénité, deux mois de bonheur tranquille...

* * *

Dès mon retour à Montréal au mois d'août 2004, me croyant reposé et ragaillardi, je replongeai immédiatement et sans me ménager dans la frénésie de la vie des trois maisons d'édition que je dirigeais.

Qui plus est, comme je l'ai raconté dans le chapitre «Les idées mènent le monde», je me lançai à fond de train dans l'action politique. Je consacrai tous mes temps libres jusqu'à la fin de cette année 2004 à diriger le groupe de réflexion que m'avait demandé de créer Bernard Landry, à lui préparer notes et discours.

À travers tout cela, il me fallait aussi poursuivre mes recherches, discussions et négociations sur un éventuel achat du groupe Ville-Marie. Je fis appel aux services d'un comptable réputé, expert dans l'acquisition et le rachat d'entreprises. Nous passâmes d'innombrables heures à décortiquer les états financiers, à analyser les coûts et les revenus, à mesurer les risques, à élaborer des scénarios, à faire des projections, à explorer les diverses avenues, pour en arriver finalement à la conclusion, triste mais inéluctable, que ce projet, comme je le craignais depuis le début, dépassait sans l'ombre d'un doute mes capacités financières et se révélerait pour moi une mission absolument impossible à remplir. Je rencontrai Pierre Lespérance en novembre pour lui faire part de ce constat. Il en prit acte sans manifester d'émotion mais accepta néanmoins généreusement d'assumer les coûts que cette « aventure » m'avait occasionnés.

Déçu des résultats infructueux de ma collaboration avec Bernard Landry, inquiet comme jamais de l'avenir du groupe Ville-Marie Littérature et du sort que lui réservait son propriétaire, je terminai en définitive l'année 2004, malgré ma bienheureuse pause parisienne, plus épuisé encore que je ne l'étais au moment de l'entreprendre.

* * *

2005 fut à tous égards une *Annus horribilis* pour moi. D'abord sur le plan personnel.

J'assistai tout au long de l'année – aussi impuissant que révolté mais essayant autant que faire se peut de me libérer pour soutenir cette femme que j'aimais profondément – à la véritable descente aux enfers que vécut ma mère, Madeleine Normand. Elle souffrait depuis déjà longtemps de la maladie de Parkinson, avec son lot de terribles tourments qu'elle était bien la dernière à mériter. Cette belle Québécoise, issue d'une famille modeste de Verdun et sans grande instruction, mais fière, toujours élégante, rieuse et moqueuse, bonne vivante et dotée d'immenses qualités de cœur, affrontait son sort avec la même volonté de vivre qu'elle avait démontrée quand la tuberculose avait failli l'emporter à l'âge de dix-neuf ans, avec aussi le même courage qu'elle avait manifesté, longtemps après, quand elle subit l'insupportable épreuve de perdre un enfant[5].

En février 2005, sa maladie s'aggrava brutalement, provoquant une pneumonie qui l'amena aux portes de la mort et qui la laissa lourdement handicapée, incapable de marcher. Quatre mois d'hospitalisation et de réadaptation lui permirent de recouvrer en partie l'usage de ses jambes et de réaliser son ultime souhait : retourner vivre dans sa maison. Mais elle sortit de cette dernière épreuve en proie à une faiblesse physique et une détresse psychologique qui ne la quitteraient plus. Heureusement, aussi injuste soit-elle, la vie lui avait fait le cadeau d'une famille aimante, présente jusqu'au dernier jour, et d'un mari extraordinaire – mon père, Germain Graveline – qui l'accompagna jusqu'à la fin avec une force d'âme exemplaire et un dévouement exceptionnel que seul un grand amour peut expliquer.

Après une longue agonie, elle nous quitterait l'année suivante, le 12 juillet 2006, à 1 h 05 du matin. Profitant du

---

5. Ma sœur, Yolande Graveline, emportée par un cancer à l'âge de quarante et un ans.

fait que deux de mes filles veillaient à son chevet, je serais alors chez moi à prendre un peu de repos. À l'instant même de son décès, je me réveillerais en sursaut, en train d'étouffer et de paniquer. Cinq minutes plus tard, le téléphone sonnerait et l'une de mes filles m'annoncerait que ma mère, cette femme qui avait les plus beaux yeux de la terre et le plus grand cœur du monde, venait de mourir.

* * *

2005, *Annus horribilis* également sur le plan professionnel.

Je voyais mes craintes se concrétiser progressivement. La nouvelle vice-présidente de Sogides se permettait des interventions dans ma gestion que jamais son prédécesseur ne se serait autorisées. Je résistais à ces tentatives de contrôle, faisant appel, à l'occasion, à Pierre Lespérance, lui remémorant notre entente sur l'autonomie du groupe Ville-Marie Littérature. Mais je devais bien constater que l'attitude du propriétaire était elle-même en train de changer. Il ne m'exprimait plus, comme il le faisait dans le passé, sa satisfaction envers notre collaboration. Nous n'avions plus, par ailleurs, une seule rencontre où, sans remettre directement en question mes choix éditoriaux, il ne questionnait pas clairement mes grandes orientations. « Faut-il vraiment continuer à publier des livres aussi peu rentables que des recueils de poésie ? » me demandait-il, par exemple, avec une insistance croissante. Chaque fois, je défendais pied à pied la mission *littéraire* de nos maisons, lui rappelant notamment qu'en achetant l'Hexagone en 1990, il avait de ce fait assumé une responsabilité *culturelle* envers les poètes québécois.

Au printemps, je fus convoqué à une rencontre avec la direction de Sogides. On m'y informa que la priorité du groupe Ville-Marie Littérature devait dorénavant être l'accroissement de sa rentabilité financière. Pour ce faire, je devais, me dit-on, réduire sensiblement le nombre de titres « déficitaires », me concentrer sur les ouvrages grand public, abolir en conséquence certains postes et couper dans les dépenses. Ainsi, le pacte non écrit mais bien réel, qui prévalait depuis mon arrivée à la direction neuf années plus tôt et qui me permettait de transférer en quelque sorte les profits générés par les best-sellers dans l'édition d'ouvrages littéraires à public plus restreint, était désormais bel et bien rompu.

Pourquoi un tel changement de cap ? Après tout, les activités du groupe Ville-Marie représentaient une partie marginale du chiffre d'affaires du groupe Sogides. Si ce dernier, même les bonnes années, ne faisait pas beaucoup d'argent avec nos livres, il en perdait, même les mauvaises années, fort peu. La mission littéraire que nous assumions en son nom avec, je crois, éclat et succès, lui permettait de jouer son rôle social et lui donnait une réelle crédibilité auprès du milieu culturel et des pouvoirs publics. Nous lui apportions une expertise de premier ordre dans un créneau majeur de l'édition. Nous contribuions de surcroît à sa réputation auprès des éditeurs littéraires étrangers qu'il souhaitait distribuer.

Toutefois, sans être dans le secret des dieux, je lisais entre les lignes que la marge bénéficiaire du groupe Sogides n'était plus alors ce qu'elle avait déjà été. Les Messageries ADP risquaient de perdre certains gros clients à cause du remue-ménage en cours au sein des grands

Le livre fermé • 239

groupes d'édition français. Je soupçonnais par ailleurs que l'autre vache à lait du groupe Sogides, les Éditions de l'Homme, voyait ses profits diminuer depuis que son nouvel éditeur, Pierre Bourdon, mettait l'accent sur la publication de beaux livres, bien plus intéressants à réaliser mais bien moins rentables que les livres pratiques et les ouvrages de psychologie populaire qui faisaient depuis toujours le succès commercial de la maison. Mais je devinais surtout que la direction de Sogides, comme elle en avait bien sûr le privilège, voulait rendre plus « appétissant » le groupe Ville-Marie aux yeux d'un éventuel acquéreur.

Je décidai malgré tout, « en mon âme et conscience », de prendre le taureau par les cornes, attitude bien entendu tout à fait déconseillée pour qui veut sauvegarder sa carrière. Jouant à fond la carte de plus en plus usée de mon autonomie, je présentai à la direction de Sogides une contre-proposition qui préservait l'essentiel de la mission littéraire de nos maisons, qui protégeait aussi tous les emplois, mais qui donnait en partie satisfaction à mes vis-à-vis en mettant en œuvre d'importantes réductions de dépenses dans la production et dans la promotion de nos livres. Défendue avec acharnement, cette contre-proposition fut finalement acceptée du bout des lèvres. Mais j'étais bien conscient que je ne faisais que gagner du temps, que ce n'était que partie remise.

Ma position de vaillant petit soldat de la littérature s'avérait intenable. J'étais littéralement pris entre l'arbre et l'écorce : d'un côté, un propriétaire et une direction qui finiraient bien par passer outre à ma résistance et à leurs craintes – largement exagérées – de provoquer une levée de boucliers dans le milieu littéraire et par imposer leur vues ; de l'autre, des auteurs et des employés qui, pour la plupart, n'en avaient rien à cirer de ma « passion de la littérature[6] » ; de façon tout à fait normale, ils observaient la situation par le petit bout de la lorgnette de leurs intérêts personnels, m'en voulaient des compressions que j'imposais et ne manifestaient évidemment ni compassion ni solidarité envers le patron que j'étais. Imaginez, par exemple, la tête que je pouvais faire au cours de cette période quand un employé dont je venais de sauver *in extremis* le poste me reprochait avec virulence de ne pas lui accorder l'augmentation salariale qu'il jugeait, parfois à juste titre, méritée !

Je m'épuisais au jour le jour dans un combat solitaire que je savais perdu d'avance.

* * *

2005, *Annus horribilis* enfin sur le plan des politiques culturelles et littéraires.

Cette année-là, Montréal avait été déclarée par l'UNESCO « capitale mondiale du livre ». Comme il l'avait fait quelques années plus tôt quand le Québec avait été l'invité du Salon du livre de Paris, tout le milieu se pétait les bretelles de contentement. Le livre québécois serait à l'honneur ! L'argent public coulerait à flots pour cette grande manifestation culturelle ! J'étais l'un des rares à ne pas me réjouir outre mesure, à jouer même les trouble-fête. Nous avions déjà été les « vedettes » de ce

---

6. Depuis mon arrivée à la direction du groupe en 1996, j'avais adopté ce slogan comme signature de nos promotions et publicités.

genre de film. Je savais trop à quel point ce grand spectacle qui durerait une année entière allait, encore une fois, mobiliser toutes les énergies collectives et accaparer toutes les ressources pour des retombées utiles somme toute marginales et ponctuelles, à quel point il serait surtout l'occasion pour la ministre de passage à la Culture – cette année-là, c'était Line Beauchamp – de faire *bella figura* dans les médias, de se pavaner en compagnie de quelques « personnalités » et de se donner, à elle et à son gouvernement, bonne conscience.

Pendant ce temps, aucune des politiques structurantes qui nous font tant défaut pour soutenir et développer notre littérature nationale et notre « industrie » du livre ne serait mise en œuvre. Les institutions d'enseignement continueraient d'ignorer nos écrivains, de photocopier leurs œuvres plutôt que de les acheter, les bibliothèques scolaires de dépérir, les bibliothèques municipales de traîner de la patte, la politique du « prix unique » de ne pas voir le jour, l'aide aux éditeurs littéraires de s'amenuiser comme peau de chagrin, le soutien aux auteurs d'être symbolique, la Maison de la poésie de ne pas avoir pignon sur rue, les programmes de soutien à la traduction et à l'exportation d'être faméliques, la couverture médiatique de notre littérature de se révéler insuffisante et superficielle. Il n'y aurait même pas une seule plaque commémorative apposée quelque part sur un mur pour rappeler la mémoire d'un de nos grands écrivains. Mais quel « show » nous aurions !

J'ai vu défiler je ne sais plus combien de ministres québécois de la Culture au cours de la décennie où j'ai dirigé le groupe Ville-Marie Littérature. Libéraux et péquistes confondus, je n'en ai connu qu'une seule, Louise Beaudoin, qui ne se contentait pas, pour l'essentiel, de faire de la figuration dans les galas en attendant une nomination à un ministère moins « mineur ». Elle s'intéressait vraiment à la littérature et au livre et tenta – en organisant en 1998 un « sommet sur le livre et la lecture » qui rassembla l'ensemble des partenaires – d'insuffler des changements réels aux politiques et aux pratiques gouvernementales dans ce domaine. Ce sommet donna certains fruits : la création de la Grande Bibliothèque, la mise en place de l'Observatoire de la culture et des communications, l'octroi d'un crédit d'impôt aux éditeurs, une hausse des budgets d'acquisition de livres pour les bibliothèques publiques. Malheureusement, sur bien d'autres aspects pourtant déterminants, la volonté de Louise Beaudoin se heurta aux divisions du milieu et au manque d'envergure de Lucien Bouchard en cette matière. Tout aussi malheureusement, elle préférait les Relations internationales où elle alla bientôt exercer ses grands talents...

À quand un André Malraux québécois ?

En juin 2005 se tint l'assemblée générale annuelle de l'Association nationale des éditeurs de livres dont le groupe Ville-Marie Littérature était un membre actif. Je montai en première ligne pour dénoncer le « grand show » alors en cours et le discours angélique que tenait notre association à ce sujet, pour dresser le portrait peu réjouissant de l'état de la littérature québécoise et des difficultés croissantes que rencontraient les éditeurs littéraires, pour réclamer que notre « syndicat » – composée en majorité, il faut le savoir, d'éditeurs généraux et scolaires – fasse de la défense et de la promotion de notre littérature sa

priorité d'action dans l'année à venir. Les uns après les autres, mes collègues éditeurs littéraires se présentèrent au micro pour témoigner de notre réalité, et pour soutenir avec conviction et avec force ma proposition, qui fut finalement adoptée. Au mois d'août suivant, je reçus un résumé des résultats de cette assemblée préparé par la direction de l'ANEL. Il n'y était fait mention ni de ce débat, ni même de ma proposition, pourtant entérinée à l'unanimité !
J'étais plus que désolé. J'étais découragé.

La course à la direction du Parti Québécois – une des organisations de ma « famille » politique[7] –, qui se déroulait à la même époque à la suite de la démission surprise de Bernard Landry au congrès de juin 2005, ne fit rien pour me remonter le moral. On se rappellera que les aspirants à la chefferie, en nombre pléthorique, étaient conviés à exprimer leurs grandes orientations quant à l'avenir de notre nation à l'occasion d'une série d'assemblées publiques thématiques. Le 12 octobre se tint, à Trois-Rivières, le débat portant sur la culture. Tous les artisans du milieu culturel qui ont eu le malheur d'assister – en personne ou par la retransmission à la télévision – à cet événement se souviennent encore du lamentable spectacle qui nous fut alors offert par les candidats, les uns étalant avec candeur leur épouvantable ignorance des réalités et des enjeux de la vie culturelle québécoise, les autres mettant en avant avec une assurance grotesque des « propositions » dont l'insipidité le disputait à l'insignifiance.

J'étais plus que découragé. J'étais consterné.

---

7. Quelle famille !

* * *

Ce même mois d'octobre 2005, Pierre Lespérance convoqua tous les cadres supérieurs de ses entreprises pour nous annoncer, avec dans la voix une émotion dont il n'était pas coutumier, la vente du groupe Sogides au groupe Quebecor de Pierre Karl Péladeau. Nous ne fûmes guère surpris. Nous nous attendions tous à une telle décision. Ma première réaction fut un sentiment de soulagement. J'avais trop appréhendé que le groupe ne tombe entre les mains de Paul Desmarais et de Power Corporation, car sa succursale Gesca était aussi sur les rangs pour cette acquisition. Dans les circonstances, Quebecor m'apparaissait comme un moindre mal, d'autant plus que Lespérance demeurerait pour quelque temps à la tête des opérations.

Voilà pourquoi, invité par plusieurs médias à commenter ce changement de propriétaire, je donnai un avis favorable – ce qui en étonna plusieurs – en affirmant toutefois clairement à chaque occasion – ce que certains ne remarquèrent pas – que le respect par Quebecor de la mission littéraire et de l'autonomie éditoriale du groupe Ville-Marie Littérature était la condition essentielle de la réussite de cet achat. Mais je craignais d'exprimer un vœu pieux.

Par ailleurs, il me fallait bien finir par prendre acte avec lucidité que l'indispensable relation de complicité qui avait longtemps prévalu entre Pierre Lespérance et moi et qui m'avait permis de faire du groupe Ville-Marie un acteur libre et dynamique de la littérature québécoise n'existait – pour plusieurs raisons, dont certaines relevaient de mon idéalisme entêté – malheureusement plus.

Enfin, pour tous les motifs déjà évoqués, sur le plan physique comme sur le plan moral, j'étais rendu, comme on dit, «au bout du rouleau». N'importe quel médecin consulté m'aurait mis au repos forcé sur-le-champ. Mais à quoi bon? Je choisis plutôt de remettre ma démission quelques jours avant la fin de l'année 2005.

* * *

Me laissant emporter jusqu'au bout de mes forces sur les ailes de ma passion littéraire, j'avais donné le meilleur de moi-même, éditant en une décennie d'intense labeur pas moins de six cents livres, ce que bien des éditeurs, disposant il est vrai de moyens moins importants que les miens, ne parviennent à réaliser qu'au terme d'une longue vie de travail. Entouré d'une équipe de collaborateurs compétents avec qui j'avais pris grand plaisir à œuvrer et d'écrivains remarquables qui m'avaient honoré de leur soutien, j'avais fait franchir à Typo le cap de ses vingt ans, à VLB éditeur celui de ses vingt-cinq ans, à l'Hexagone celui de ses cinquante ans. Sans jamais ménager ni mon temps ni ma peine, je m'étais consacré corps et âme à la défense et à la promotion de la littérature québécoise. À mes successeurs de continuer le combat! Je le poursuivrais pour ma part d'une autre façon, pourquoi pas en écrivant.

Je n'avais en bout de course, du moins l'espérais-je, ni trahi la confiance que m'avait accordée Gaston Miron, ni gaspillé l'héritage qu'il m'avait légué.

Le moment était indéniablement venu pour moi de tourner la page, de fermer ce livre.

Index

Aird, Robert, 39
Amado, Jorge, 124
Apollinaire, Guillaume, 16, 28, 98
Aquin, Hubert, 103
Arc, Jeanne d', 188
Audet, Martine, 68, 76, 111

Baillargeon, Normand, 93
Barcelo, François, 50
Barrière, Marie-Claude, 55, 201, 215
Bazzo, Marie-France, 122
Beauchamp, Line, 78, 241
Beauchemin, Jacques, 39, 181
Beauchemin, Yves, 54, 137
Beaudet, Marie-Andrée, 16, 31, 36, 66, 80
Beaudoin, Louise, 31, 32, 127, 168, 188, 242
Beaulieu, Victor-Lévy, 19, 20, 37, 54, 61
Beausoleil, Claude, 108
Bédard, Jean, 50, 68, 74, 139, 140
Beddiari, Salah El Khalfa, 68
Béland, Luc, 125
Bélanger, Gilles, 84
Bellavance, Marcel, 39
Bellefeuille, Pierre de, 15, 71

Bellemare, Gaston, 84
Bertrand, Claudine, 76, 101
Blackman, Lyane, 137
Blais, Marie-Claire, 54
Blondeau, Dominique, 50
Boadella, Montserrat Gali, 109
Boily, Pierre-Yves, 38
Boisclair, André, 168, 170, 171
Bombardier, Denise, 54, 193, 194
Bonnar, James de Gaspé, 20
Borgognon, Alain, 39
Bouchard, Brigitte, 141
Bouchard, Gérard, 39, 182
Bouchard, Lucien, 28, 32, 158, 161, 242
Bouchard, Roxanne, 54
Boucher, Mom, 129
Boudreau, Nicole, 25
Boulanger, René, 50, 121
Boulerice, Jacques, 50
Bourassa, Robert, 14, 171
Bourdon, Pierre, 239
Bourgault, Pierre, 13, 171, 174-177, 181
Bouthillier, Guy, 15
Brault, Amélie, 47
Breault, Nathalie, 51
Brossard, Nicole, 77, 108
Brouillet, Chrystine, 52

Brousseau, Sylvie, 160
Brown, Dan, 198
Brûlé, Michel, 41, 121
Bureau, Luc, 74

Cantin, Serge, 74, 182
Carle, Gilles, 18
Caron, Louis, 54
Caron, Pierre, 51, 148
Castonguay, Stéphane, 39
Chabot, Marc, 38
Chamalidis, Makis, 38
Chamberland, Paul, 76, 105, 111
Charbonneau, Yvon, 174
Charlebois, Jean, 140, 221
Chartrand, Michel, 171-173, 179
Chartrand, Simone, 45
Claude, Renée, 61
Cliche, Robert, 52
Cliff, Fabienne, 51, 134, 135
Comeau, Robert, 38, 39, 67, 184
Corbeil, Normand, 50
Corcoran, Jim, 41, 61
Courteau, Isabelle, 76, 81
Cousture, Arlette, 54
Cyr, Gilles, 75, 76, 78, 97

Dandurand, Andrée, 50
Danten, Charles, 186
Dantzig, Charles, 123
Demers, Frédéric, 39
Denault, Alain, 185
Denis, Roch, 185
Derouin, René, 107-110
Desautels, Jacques, 52, 74, 150
Desbiens, Jean-Paul, 21
Desbiens, Patrice, 84
Descôteaux, Bernard, 61
Desgents, Jean-Marc, 125

Desjardins, Richard, 40, 77
Desmarais, Paul, 244
DesRuisseaux, Pierre, 76
de Tilly, Élise Noël, 57
Devlin, Éric, 69
Dimanche, Thierry, 76
Dôle, Robert, 186
Don Quichotte, 196
Dorais, Michel, 38, 39, 184, 192, 220
Dorion, Hélène, 76, 77, 84, 108, 114, 116, 212
Dorion, Jocelyne, 211
Doucet, Michelle, 7, 16
Drapeau, Jean, 171
Dubé, Marcel, 46
Dubois, Claude, 40
Duceppe, Gilles, 161, 162, 168
Dufresne, Lucie, 51, 136
Dulac, Germain, 38
Dupuis, George, 38
Dupuis, Gilbert, 50, 118, 119
Durepos, Fernand, 76, 113
Du Sault, Victoire, 131
Dussault, Danielle, 50
Duvalier, Jean-Claude, 120
Dyens, Ollivier, 39, 76

Élias, Jean-Pierre, 60
Émond, Ariane, 38

Facal, Joseph, 39, 182
Falardeau, Pierre, 69, 163, 177-179, 181, 182
Farhoud, Abla, 45, 50, 74, 147
Fauteux, Monique, 61
Favreau, Marc, 205
Fecteau, Jean-Marie, 39
Ferretti, Andrée, 15, 180, 182

Ferron, Jacques, 24
Fischer, Hervé, 39, 184, 190, 191, 212
Fleury, Michel, 214
Forest, Violaine, 76
Fortin, Robbert, 69, 75, 76, 78, 79, 91, 98, 99, 112, 113
Fournier, Claude, 32
Fournier, Danielle, 76, 98, 99, 111
Francœur, Lucien, 41, 77
Frulla, Lisa, 78

Gagné, Dominic, 76
Gagné, Suzanne, 50
Gagnon, Madeleine, 50, 74, 76, 77, 112, 187
Gagnon, Marie, 50, 125-130, 146
Gagnon, Serge, 39
Galarneau, Ginette, 30, 43
Ganzini, Mathilde, 18
Garand, Gilles, 33
Gareau, Isabelle, 77
Gauvreau, Claude, 96
Geadah, Yolande, 38, 186
Gélinas, Gratien, 46
Gervais, André, 93
Giguère, Roland, 76, 84, 90, 91, 105, 110, 122
Gilbert-Dumas, Mylène, 51, 54, 135
Gill, Pauline, 51, 54, 66, 130, 132, 133, 135, 212, 219
Girard, André, 50, 52
Glissant, Édouard, 29
Godin, Gérald, 20, 35, 68, 76, 81, 93, 95, 154, 184
Goldoni, Carlo, 44, 47
Gourdeau, Gabrielle, 52
Grandbois, Alain, 69, 76, 87

Granger, Serge, 39
Graveline, Germain, 236
Graveline, Rosalie, 57, 225, 231
Graveline, Yolande, 236
Gravel, Robert, 45
Grelet, Nadine, 51, 135, 212
Grescoe, Taras, 185
Groulx, Lionel, 32
Guérineau, Anne-Marie, 230
Guevara, Che, 102
Gulliver, Lili, 51

Haeck, Philippe, 74, 76, 111
Harel, Louise, 61, 82
Hétu, Richard, 51, 144, 185
Homolka, Karla, 129
Horic, Alain, 18, 73, 228
Hugo, Victor, 35

Irving, John, 150

Jardin, Alexandre, 150
Jobidon, Gilles, 54
Jobin, François, 50
Jolis, Chantal, 40, 147
Julien, Pauline, 92, 94
Jutra, Claude, 109

King, Stephen, 198

Laberge, Louis, 174
Laborit, Henri, 60
La Chance, Michaël, 105
Lacombe, Diane, 51, 136, 137
Laferrière, Dany, 48, 50, 54, 119-123, 125, 130, 212
La France, Micheline, 30
La France, Mireille, 177
Lalancette, Guy, 50

Laliberté, Robert, 40, 73, 75, 184, 212
L'Allier, Jean-Paul, 150
Lalonde, Michèle, 44
Lalonde, Robert, 52
Lamoureux, Henri, 15, 50, 168, 189, 190
Lanctôt, Jacques, 17, 19, 21, 24, 38, 41, 48, 52, 64, 119-121
Landry, Bernard, 82, 146, 161, 164-171, 181, 234, 235, 243
Langevin, Gilbert, 35, 41, 92
Langlois, Richard, 184
Laplante, Laurent, 185
Lapointe, Gilles, 109
Lapointe, Paul-Marie, 76, 91, 96, 105, 108
Latraverse, Plume, 40, 41
Laurent, Huguette, 60, 141
Laurin, Camille, 100, 182
Laurin, Lucie, 215
Lauzon, Adèle, 102, 103
Lavigne, Nicole, 50
Lebeau, Anne Catherine, 47
Lebeau, Suzanne, 41
Lebrun, Denis, 230
Leclerc, Rachel, 106
Legaré, Anne, 182
Legault, Josée, 165
Legault, François, 168
Léger, Jean-Marc, 15
Lelièvre, Sylvain, 40
Lemieux, Diane, 82
Lemieux, Mélissa, 57
Leroux, Georges, 105
Leroux, Manon, 39
Lespérance, Edgar, 21
Lespérance, Pierre, 18-20, 22, 64, 142, 161, 184, 225, 229, 230, 235, 237, 244

Levasseur, Irma, 132
Lévesque, René, 21, 90, 100, 104, 158, 159, 162, 166, 175
Levine, Marc V., 39
Lewis, Josée, 225
Limoges, Camille, 38
Lisée, Jean-François, 32
Loco Locass, 61
Ludlum, Robert, 198

Mailhot, Laurent, 77, 83
Mailloux, « Doc », 205
Major, Henriette, 69, 77, 205
Malavoy, André, 234
Malavoy, Marie, 234
Malavoy, Tristan, 234
Malraux, André, 108, 242
Maraini, Dacia, 47
Marchand, Olivier, 18
Marois, Pauline, 4, 168, 170
Masquida, Stéphane, 59
Massé, Carole, 73
Massicotte, André, 225
Massicotte, Céline, 226
Ménard, Serge, 127
Michaud, Yves, 15, 16, 182, 184
Micone, Marco, 30, 42-47
Miron, Gaston, 11-22, 25-36, 65, 67, 73, 76, 79, 80, 82-87, 90, 93, 94, 96, 104, 105, 108, 110, 160, 164, 180, 181, 217, 228, 245
Monette, Madeleine, 50, 52, 74, 146
Mongeau, Marc, 69
Morency, Pierre, 108
Morin, Odette, 165
Nadeau, Jean-François, 67-73, 75, 89, 160, 162, 207
Nelligan, Émile, 35, 83, 86, 87, 154

Nepveu, Pierre, 66, 76, 77, 80, 83, 108, 115
Neruda, Pablo, 35, 87
Noguez, Dominique, 80
Normand, Madeleine, 236

Olscamp, Marcel, 69
Ouellet, Pierre, 39, 76, 105, 106, 184
Ouellette, Fernand, 76, 97, 98, 99
Ouellette-Michalska, Madeleine, 54
Ouellette, Sylvie, 52

Pagé, Lorraine, 53
Panneton, Jean-Charles, 39
Paquin, Stéphane, 39, 182
Paris, Geneviève, 41, 61
Parizeau, Jacques, 26, 28, 39, 43, 60, 66, 146, 157-167, 171, 173, 176, 179, 181, 196
Péladeau, Pierre Karl, 244
Pennac, Daniel, 206
Pepin, Marcel, 173
Perrault, Pierre, 88, 89
Perrault, Robert, 43
Perron, Line-Sylvie, 169
Perron, Maurice, 96
Philpot, Robin, 182
Pintilie, Lucian, 95
Plourde, Danny, 76, 113
Portugais, Louis, 18
Pratte, André, 61, 146, 183
Préfontaine, Yves, 77, 100, 101, 108
Proulx, Monique, 54
Pruneau, Michel, 38

Quintal, Patrick, 41

Racine, Marcelle, 50
Ratzinger, Joseph, 98
Regimbald, Manon, 109
Resch, Yannick, 80
Ricard, André, 45
Ricard, Karen, 76, 111
Richard, Béatrice, 39
Rimbaud, Arthur, 35, 87
Rinfret, Jean-Claude, 18
Ronfard, Jean-Pierre, 45
Rowling, J. K., 198
Roy, Bruno, 15, 40
Royer, Jean, 18, 20, 30, 31, 56, 64, 65, 67, 75, 89, 90, 108, 207
Roy, Louis, 168

Sainte-Marie, Chloé, 84, 90
Sarra-Bournet, Michel, 182
Sarrazin, Marie-Claude, 168
Sauren, Simone, 31, 56, 58, 70, 75, 78, 147, 220
Sauvageau, Philippe, 26
Schir, Sabine, 215
Sciortino, Giuseppe, 43
Scowen, Reed, 183
Séguin, Philippe, 187, 188
Serré, Pierre, 39, 182
Seymour, Michel, 69, 74, 182
Simard, Sylvain, 168
Simard, Yolande, 88
Soldevila, Philippe, 45
Soucy, Jean-Yves, 40, 49, 55, 66, 70, 72, 73, 130, 134, 205, 208, 212, 214, 215
Soucy, Pierre-Yves, 76, 83
Stanké, Alain, 4, 180, 205
Stephens, Nathalie, 76

Tchekhov, Anton, 47
Thériault, Marie José, 47

Thibodeau, Serge Patrice, 66
Thomas, Jeannine, 93
Tifo, Marie, 180
Tremblay, Allan, 51
Tremblay, Michel, 41, 122
Tremblay, Sylvie, 40, 61
Tremblay, Tony, 69, 76, 77, 113
Trudeau, Pierre Elliott, 171
Trudel, Sylvain, 141
Turgeon, Pierre, 18
Turp, Daniel, 168, 182

Vadeboncoeur, Pierre, 74, 174
Vallières, Pierre, 182
Vangheluwe, Céline, 215
van Schendel, Michel, 76, 91, 102-106
Vastel, Michel, 161
Venne, Michel, 166
Villeneuve, Marie-Paule, 51, 136

Walker, George F., 47
Warda, Maryse, 47
Warren, Louise, 76, 77
Warren, Paul, 88, 185

Table

Un héritage inattendu   11
Un vent de liberté et de beauté   37
La marche à la poésie   63
L'irremplaçable voix des poètes   87
La vie devrait être un roman   117
Les idées mènent le monde   157
Traité de premiers soins à l'usage des auteurs refusés *entremêlé d'un* Traité de savoir-vivre à l'usage des auteurs acceptés   197
Le livre fermé   223
Index   247

L'intérieur de ce livre a été imprimé au Québec en juillet 2009
sur du papier entièrement recyclé
sur les presses de l'Imprimerie Gauvin.